红色记忆® 29

潜伏敌后的特工之花

海南省文化交流促进会　编

南海出版公司

2013·海口

图书在版编目（CIP）数据

红色记忆·第1辑·29 / 海南省文化交流促进会编.
-- 海口：南海出版公司, 2013.11（2025.1 重印）
ISBN 978-7-5442-6961-2

Ⅰ.①红… Ⅱ.①海… Ⅲ.①革命传统教育—中国—青年读物②革命传统教育—中国—少年读物 Ⅳ.① D642-49

中国版本图书馆 CIP 数据核字（2013）第 263583 号

HONGSE JIYI · DI 1 JI · 29

红色记忆·第1辑·29

作　　者　海南省文化交流促进会
总 策 划　刘　栋
顾　　问　贾延岩
执行总编　任在齐　张　桐　张爱国
责任编辑　聂　敏
封面设计　郑广明
排版印务　何怡欣
发行总监　杨成春
出版发行　南海出版公司　电话：（0898）66568508　66568511
社　　址　海南省海口市海秀中路 51 号星华大厦五楼　邮编：570206
电子信箱　nhpublishing@163.com
经　　销　新华书店
印　　刷　天津睿意佳彩印刷有限公司
开　　本　787 毫米 ×1092 毫米　1/16
印　　张　6.25
字　　数　100 千字
版　　次　2013 年 11 月第 1 版　2025 年 1 月第 2 次印刷
书　　号　ISBN 978-7-5442-6961-2
定　　价　39.80 元

对历史无知的人，没有真正的信仰可言；没有信仰的人，不可能拥有美好的理想，不可能胸怀崇高的情感，也就不可能担负起任何责任。用欲望文化代替历史教育，足以使一个国家的青年被腐蚀、使一个民族的希望被毁掉，使这个国家和民族被永世万代地奴役！

鉴于此，我们呼唤历史，唤回那段属于二十世纪的“红色”历史，唤回那段炮火硝烟、颠沛流离的历史，唤回那冲天的狼烟留下的悲壮回忆、岁月年轮沉淀的斑驳痕迹。历史不应该被忽略，更不应该被遗忘，牢记那段革命战争年代的红色历史更是责任。为了那些不应该被忘却的记忆，为了那些不应该被丢弃的信念，于是就有了这套《红色记忆》丛书。

曾记否，当草鞋与意志丈量出来的两万五千里穿越一个伟大民族五千年的荣辱兴衰，革命的火种被一路播撒、一路点燃。人迹罕至的雪山、荒无人烟的草地被鲜血浸透，衬映出一段光辉的里程；万水千山早已被远远地抛在身后，一轮红日在黄土高原磅礴而起。满目疮痍的河山在 1936 年 10 月温暖如春……

曾记否，当生命和鲜血浸染的十几年光阴将一种记忆铭刻进一个伟大民族的历史画卷，革命的火焰从星火到燎原。这栏杆拍遍、易水悲歌般的呼号，这折戟沉沙、慷慨赴义的悲壮，这铁马冰河、枕戈待旦的苦战，这红旗漫卷、所向披靡的豪迈……腔腔热血、铮铮铁骨早已被熔铸成一座不朽的丰碑，中华民族从苦难中百死后生的壮丽诗史凝结成了五星闪耀的红色记忆。

曾记否，中华人民共和国成立以来，又有无数英烈接过前辈用鲜血染红的旗帜，或壮怀激烈戍边卫国，或忠于职守鞠躬尽瘁，或绝甘分少奉献大爱，甘做国家强盛、人民富裕的铺路石，成为和平年代民族复兴的荣光，把人民心中的红色记忆浸染得分外鲜艳，永不褪色。

这红色记忆，是信念不衰、志向不改的崇高气节；这红色记忆，是无私无我、生属苍生的博大胸怀；这红色记忆，是敢为人先、披荆斩棘的拓荒精神；这红色记忆，是中华民族最宝贵的精神财富。它告诫我们，人事有代谢，传承无绝期。缅怀先烈精神，继承先烈遗志，是社会的道德和民族的良心，是后来者须臾不可忘怀的本分。

老一代人把历史的真实交付给我们，我们有责任用真实还原历史，传承给下一代，把那段岁月与现在年轻人的生活连接到一起，使他们眼中的历史变得立体、真实、可靠，让历史成为他们前进的动力。本丛书将那些流动的、随时会飘散在时间天际的事件凝固下来，希望透过这些文字、图片，感受到英雄们那坚定的革命信念，感受到那个年代澎湃的革命激情，真切体会那段“红色历史”。

忘记历史，就意味着背叛。让我们重温历史，缅怀先烈，从中汲取力量，毅然前行。

刘栋

目录

CONTENT

目录

CONTENT

李贞——开国第一位女将军

文/涂学能

李　贞

李贞（1908年—1990年），少将，湖南浏阳人。1927年加入中国共产党，参加了湘赣边界秋收起义；土地革命战争时期，任浏东游击队士兵委员会委员长，中共平江、吉安县委军事部部长，红六军团政治部组织部部长，红二方面军政治部组织部副部长；抗日战争时期任八路军妇女学校校长；解放战争时期任晋绥军区政治部秘书长、西北野战军政治部秘书长；中华人民共和国成立后任中国人民志愿军政治部秘书长，最高人民检察院军事检察院副检察长等职务，1955年被授予少将军衔。

上将丈夫少将妻，开国将星中唯一“双子星座”

1955年9月27日下午的北京中南海——中华人民共和国首次授予人民解放军军官军衔仪式隆重举行。

在这些叱咤风云的将帅之中，只有一位女性，她就是李贞。端庄大方的她不仅是全军女兵的唯一代表，而且她的丈夫也被授予将军军衔。他们是千余名开国将帅中唯一一对“双子星座”，也是当时唯一的“将军之家”。

当从毛泽东主席手中接过一级解放勋章时，李贞激动得说不出话来。周恩来总理亲手把少将军衔授予李贞，并握住她的手说：“祝贺你，李贞同志，你是新中国第一位女将军。”

李贞回到家里，丈夫甘泗淇上将也回来了，望着丈夫，李贞的骄傲和幸福充满心田。甘泗淇原名姜凤威，也叫姜炳坤。1904年出生于湖南宁乡一个贫农家庭。1930年，从苏联莫斯科中山大学回国任湘赣省委宣传部部长，李贞当时恰好也调到湘赣省委工作，从此他们就相识了。甘泗淇心胸开阔，平易近人，理论水平高，工作经验丰富，李贞对他的印象很好。

在任弼时的爱人陈琮英的热心撮合下，1935年元旦，在塔卧村一个白墙青瓦的礼堂里，李贞和甘泗淇举行了简朴的婚礼。关向应主持婚礼，任弼时、贺龙等到场祝贺。从此，李贞和甘泗淇开始了并肩战斗的风雨人生。

六岁起就当了童养媳的李贞原名旦娃子，1926年的一天晚上，李贞的姐姐悄悄告诉妹妹：“咱区里来了共产党，还成立了妇女解放协会。妇女翻身解放的时候到了，我们要跟着共产党闹革命。”

“革命？”尽管李贞当时不可能理解这两个字的全部含义，但她能意识到“革命”就是为了让穷人不受压迫，能过好日子。

李贞与甘泗淇

第二天，姐姐带她到永和区秘密参加妇女协会。接待的同志了解到她是个童养媳，当即就点头同意，并随手递上一张表，问：“填什么名字呀？”

“旦娃子。”李贞脱口应道。十八年了，她一直叫这个名字。

接待的同志拿着笔，望着她，说：“你也不姓旦啊？”

“再想想。”那位同志说。想着，想着，一个词突然闯进旦娃子的脑海：忠贞不渝。她听说过，忠贞就是忠诚不变，参加协会不是要求忠诚不改变吗？于是，她试探着问：“叫李贞怎么样？”

接待同志高兴地说：“好名字啊！”

边说边在登记表上写下了“李贞”。从此，李贞这个名字伴随她走过了三十多年的硝烟岁月，走进了中华人民共和国的将帅名册。

“白色恐怖”面前不低头

1927年4月，大革命失败了。“白色恐怖”笼罩着湖南城乡。湘鄂赣边区特委妇女部部长李章遭到杀害后，被吊在桥头暴尸。女共产党员易维五被斩下头颅，悬挂在城楼上示众。敌人四处追捕李贞。

当晚，李贞钻进了湘赣边界的深山密林之中，她挎着竹篮子，四处寻找隐藏的共产党员。经过多日奔波，她终于找到了共产党员刘先行、刘正元和李汇东。四名共产党员会合后，组成了一个党支部，李贞任书记——她是浏阳县永和区第一位地下党支部书记。李贞和党支部的同志，继续寻找上级党组织，终于和中共湖南省委派回原籍济阳领导武装斗争的王首道成功接头。

革命火种在浏阳大地上点燃，湘赣边界的秋收起义正在筹划之中。9月11日，秋收起义的工农队伍打进了醴陵，接着又攻进了浏阳。李贞带领党支部的同志立即投入战斗，策应部队，打击敌人。眼见游击队的实力不如敌人，她突然心生一计。她想，浏阳鞭炮享有盛名，燃放起来好似枪声，何不借此迷惑敌人呢？于是，她找来一个煤油桶，在桶里放起鞭炮来，那噼噼啪啪的声音，果然吓得敌人狼狈逃窜。

工农革命军开赴井冈山后，“白色恐怖”又一次降临浏阳河两岸。浏东游击队正是在这样的环境中成立的。刘少龄任队长，颜启初任党代表，李贞任士兵委员长。开始，游击队只有几个人，两支枪，其余则是鸟枪、马刀、梭镖。但他们以大围山、连云山为依托，与不断来犯的敌人巧妙周旋，坚持武装斗争。

游击队日益壮大，国民党当局大为震惊。湖南军阀何键命令周翰带领一个团，同时纠集当地的团防军、联防军，向浏阳扑来，发起了冬季“围剿”。

李贞带领游击队依靠有利地形，勇敢顽强地击溃了敌人一次又一次冲锋。第二天傍晚，枪声稀疏了。队长考虑到李贞怀有四个月的身孕，便让她和几名游击队队员先行撤离阵地。

李贞却说：“我是共产党员，应当让地方干部和群众先撤。”

突围的同志刚下山，就遭到敌人的疯狂扫射，除一名游击队队员和几名地方干部群众突围成功外，其余同志均壮烈牺牲。

天黑了下来，敌人燃起火把搜山。李贞临危不惧，带领游击队队员顽强抵抗。子弹打光了，就搬起石头朝敌人头上砸去。从后山偷偷爬上来的敌人迂回包围过来。李贞和几名游击队队员退到了祖师岩的悬崖上。

“抓活的！”“抓活的！”敌人的号叫声不绝于耳。眼看敌人就要攻上来了，李贞对仅剩的四名游击队员说：“不能让敌人捉到，往下跳！”话音刚落，她第一个纵身跳下了万丈深渊。

不知过了多长时间，李贞清醒过来。她发现自己被卡在崖边的树丛中，腹中的胎儿已经流产了。在两名幸存的战友的搀扶下，李贞咬着牙坚持走了五六十里路，终于逃出敌人的包围，回到了游击队。

1934年8月，蒋介石调集一百三十个团的兵力对湘鄂川根据地发动第三次

“围剿”。这时，红二、红六军团已经完成了策应中央红军长征的任务，于 11 月中旬踏上了万里征途。

李贞是怀着身孕开始长征的。一路上，她以常人难以想象的毅力，忍耐着各种恶劣环境带来的重重困难，跨过了金沙江，又渡过了大渡河，翻过了雪山。在过草地时，李贞怀孕七个月的孩子早产了。病体还没有恢复，又没有充饥之粮，孩子饿得啼哭不止，没等走出草地，这可怜的小生命就夭折了。而李贞由于产后没能休息，再加上伤寒病的侵袭，永远失去了生育能力。

母爱献给烈士遗孤

李贞和丈夫甘泗淇终生未育，但他们抚养了二十多个烈士遗孤，李贞把伟大的母爱无私地奉献给了孩子们。

抗日战争时期任八路军一二〇师后勤部部长的陈希云，在生命垂危时对几个年幼的子女放心不下。李贞安慰他说：“你安心治病吧，家里的事我们这些老战友会帮助照顾好。”随后，她把陈希云的大女儿陈小妹接到家里，从上小学、中学、大学，一直到参加工作，体弱多病的陈小妹，在李贞慈母般的关怀照顾下健康幸福地成长，后来考上了解放军外语学院，成为部队的技术骨干。

朱一普是苗族老红军朱早观的女儿。朱早观于 1955 年病逝后，李贞和甘泗淇就把朱一普接到家里抚养。朱一普患胃病，李贞特地订了份牛奶，对她进行“特殊照顾”，鼓励她养好身体，好好学习，将来做一个对国家对人民有用的人。

这些烈士的后代相聚在李贞家，每次吃饭都要摆上两三桌。星期天和节假日，李贞还抽空带孩子们去看电影、逛公园，大家庭里充满了温暖，其乐融融。

（本文选自《走近女将军》）

1955 年，毛泽东亲自为李贞将军授衔

长征路上的贺子珍

文/朱　萍

贺子珍

踏上长征路

1909年9月一个皓月当空、桂花飘香的夜晚，一声响亮的婴儿啼哭打破了江西永新县夜的宁静，一个女孩子降生了。欣喜的父母给女儿取了一个娟秀的名字——桂圆。这个叫桂圆的女孩就是后来的贺子珍。

虽然出身在乡绅之家，但外表文弱的贺子珍性格却很活泼、坚韧。在进入教会学校读书后，这个有主见的女孩子就给自己取了个学名“自珍”，取意善自珍重。后来在中央苏区，她与古柏的爱人曾碧漪一起负责为前委保管文件。曾碧漪笔误把自珍写成了子珍，这个名字才这样被沿用下来。但贺子珍在签名时仍习惯用自珍。毛泽东在给她的书信里也都称她为自珍。

贺子珍出生的那个年代，军阀混战，民不聊生，她自小就目睹了劳苦大众的不幸与社会的不公。20世纪20年代，共产主义的学说在中国大地上如火如荼地传播着，革命的春风也吹进了小小的永新县城，贺子珍的心里荡起了波澜。1926年，十六岁的贺子珍成为永新第一位女共产党员，并且担任团县委副书记、永新第一任妇女部部长，从此无悔地踏上了她艰苦的革命征程，开始了由一名乡绅女子成长为一名坚强的革命战士的传奇经历。

1927年，贺子珍参加并组织了永新农民的暴动，这是她的第一次战斗经历。她沉着指挥，并且击毙了两个敌军头目，外表柔弱的“永新一枝花”成长为一名沉着勇敢的女战士。永新暴动后，贺子珍随袁文才部上了井冈山。在井冈山上，她迎来了毛泽东秋收起义的队伍，十七岁的她开始了与三十四岁的毛泽东的相识相知相恋。1928年，贺子珍与毛泽东正式结婚，并担任中共湘赣边特委机关秘书、毛泽东的秘书。1929年1月，她随红四军主力下山，从井冈山革命根据地到达江西瑞金的中央苏区，同毛泽东一起度过了五次反“围剿”的烽火岁月。

1934年，由于以王明为代表的“左”倾冒险主义的错误路线，第五次反“围剿”失利，红军被迫开始了大规模的战略转移，开始了艰苦卓绝的二万五千里长征。根据中央指示，中央党政军机关分为两个野战纵队：第一野战纵队又名“红星纵队”，是军委首脑机关，也是总指挥部；第二野战纵队又名“红章纵队”，由党中央机关、政府机关、后勤部队、卫生部门、总工会、青年团和担架队组成。考虑到行军的艰苦，中央只批准了三十名女同志随红军队伍出发，她们大部分被编在“红章纵队”的总卫生部休养连，贺子珍就是长征中这“三十女杰”之一。

挥泪别亲儿

除了特批随军出征的女红军外，中央规定女同志一律不得跟着队伍走，孩子更不能带。这时，贺子珍与毛泽东已经有了一个两岁的儿子小毛毛（毛岸红），他其实已经是贺子珍生育的第三个孩子了。1929年，贺子珍在福建龙岩生下了第一个女儿，由于红军队伍要开拔，没过半个月就送给老乡抚养了，从此下落不明。贺子珍初为人母就承受了骨肉别离的痛苦。1930年，贺子珍又生下一个男婴，可惜出生不久就夭折了。1932年，小毛毛的出生给贺子珍与毛泽东带来了无比的喜悦。看着儿子一天天长大，贺子珍第一次从亲自抚养孩子的过程中享受到做母亲的欢乐。这是第一个在他们身边长大的孩子，孩子的欢笑给夫妻俩带来了戎马生涯中难得的幸福时光，谈论孩子每一天的变化是他们在工作之余最开心的事。接到长征的命令后，贺子珍就陷入了痛苦之中，作为一名红军女战士，她必须服从组织的决定，留下孩子，随军出征；可是作为一位普通的母亲，她是多么不愿意接受再一次的骨肉分离啊！想到毛泽东对小毛毛的疼爱，想到自己两年多来与孩子相处的朝夕，想到孩子天真可爱的笑脸，这一切更让她肝肠寸断。但是严酷的战争环境和背负的革命任务让贺子珍这位年轻的母亲不得不牺牲自己的儿女私情，唯有忍痛把儿子交给当时已决定留下的妹妹贺怡和毛泽覃夫妇照看。两岁的孩子虽不懂事，但似乎也预料到了什么，哭着不愿与妈妈分开。一声声的哭喊让贺子珍痛彻心扉，她含着眼泪，强忍着悲痛哄小毛毛：“小毛乖，等打了胜仗，爸爸妈妈一定会来接你的。”转过身来，泪水却再也忍不住地夺眶而出。当时的贺子珍确实想着终会有和儿子再见面的一天。可天不遂人愿，兵荒马乱的年代，许多事都是难以预料的。贺子珍走后，小毛毛由傅连暲的妻子照看了一段时间，后被

1937 年，毛泽东与贺子珍在延安

毛泽覃秘密转移到一位老乡家寄养。不久后，毛泽覃在战斗中牺牲，小毛毛的线索从此中断。中华人民共和国成立前夕，贺怡为了寻找小毛毛又不幸丧生于车祸。许多年后，贺子珍的外孙女孔东梅在书中说，失去小毛毛，是贺子珍自问前半辈子里仅次于出国的伤痛。这个两岁的孩子在贺子珍和毛泽东的心里都留有极为深刻的印象，二十多年后，毛泽东在老战友曾志面前还哀痛地回忆："最后一次见到这孩子时，都会在队伍里招手了。谁知道以后就再也见不到了……瑞金一别竟成了永别！"

长征中的好大姐

同在休养连的杨尚昆的妻子李伯钊在 1984 年接受索尔兹伯里的采访时说，贺子珍由于怀孕，便与大多数妇女一起被分配在休养连。她只有在周末或在驻军休整的几天里才能与毛泽东见面，而这种休整在初期是极少的。他们可能比别的夫妇见面机会略多一些，但也多不了多少。除了在短暂的夫妻相会的时间里照料毛泽东的生活外，贺子珍同其他长征中的女红军一样，大部分时间从事着独立的工作。

虽然长征开始时贺子珍只有二十三岁，但长期的革命经验和磨炼已使她算得上是队伍中的老大姐了。她对年轻战士关怀备至，经常与他们谈心。她和邓颖超一起培养、介绍了警卫员吴吉清入党。吴吉清后来感激地说，他的文化是毛主席、贺子珍一点一点教出来的。当时，共产党的三位元老——董必武、徐特立和谢觉哉也同在休养连。一次，部队在山里打到一头牛，组织上为了照顾怀孕的贺子珍就多分了点肉给她。她知道后很不安，主动向组织反映老同志应该多分一点，自己年轻应该少吃。直到司务长把中央纵队里仅有的一点肉增补给老同志后她才安心。中华人民共和国成立后，谢觉哉还多次提起这件事，赞赏贺子珍的风格和为人。

休养连连长侯政在描述贺子珍长征中的精神状态时说："贺大姐羞涩文雅，不多言多语，一路上总是笑，很能体贴人，总是谅解我们的难处，要求自己却十分严格，时时处处以普通战士的姿态出现。"休养连里多是老弱和妇女，所以招募的民工多，担架多。连里一些身体好的女同志被派作"政治战士"，负责照料担架，还要做民工的思想工作，以鼓舞其士气，减少运输人员的流失。由于长征开始时贺子珍怀有身孕，组织上照顾她，没有让她管担架。可她坚持主动帮助同志们工作，与大家轮流值班，负责张罗民工的食宿，帮助做思想工作，时刻用行动体现着她作为一个革命战士的价值。大家都称她为不是“政治战士”的“政治战士”。

战火中的新生命

1935年2月红军二渡赤水前后，在贵州白苗地区，贺子珍在行军途中产下一名女婴。当晚下着小雨，天灰蒙蒙的，夜里9时左右，贺子珍喊肚子疼，说怕是要生了。此时敌人正从后面追上来，枪声很紧。大家急着尽快找个地方躲起来。说起来也真够幸运的，路上两头都没有房子，唯独中间有间孤零零的小草房，大家赶紧把贺子珍抬进草房，屋里没有人，吊着的铜壶还在冒热气。贵州的房子有个特点，通通建在半山腰。每户人家都有一把铜壶用来煮水，再穷的人家也有。火炉在地中间。贵州山区很冷，人们都睡在火炉边，好取暖。因为铜壶还在冒热气，估计主人刚离开不久。那时，老百姓害怕，一看见有队伍来就往山里躲。当时负责给贺子珍接生的是李治医生，钱希均（毛泽民的妻子）帮忙当下手，侯政、董必武和挑夫丁良祥在外焦急地等候。伴随孩子的一声啼哭，同志们心里的一块石头落了地。后面有穷追不舍的敌人，前面还有遥远而艰苦的路程要走，对这个婴儿的安置方式只有一个，就是送给当地的老乡——这是不需要作任何讨论的。侯政回忆，他们将孩子洗干净用白布包好，由董必武写了张条子，把三十块光洋和条子一起放在孩子包里。董必武写的条子大意是，现在我们要出发打王家烈去，为穷人报仇，行军不能带孩子，这个刚生下的婴儿寄养在你家里给你做孙女吧，她长大了还能帮你干点活。

侯政把孩子抱给贺子珍看了一下，她轻轻地问了一句：“是男孩子还是女孩子？”但当时谁也顾不上回答，她流着泪，没有说什么。知道主人应该躲在后山，离这儿不远，便将孩子放在火炉旁，大家抬起担架就走。敌人就要追上来了，一点也不能耽搁，根本顾不得那么多了。贺子珍躺在担架上，一路流血，非常辛苦。虽然当时贺子珍没能对女儿说上一句话，她心里的酸楚是可想而知的。后来，她哀伤地说：“长征路上生的这个女孩子我连看都没看清楚她长什么样子，也说不清楚具体是在什么地方送给了什么人家。我也无法知道她今天的死活。后来，毛泽东知道我分娩后把孩子送掉了，点点头赞同地说，‘你做得对，我们只能这样。’我们干革命是为了造福下一代，而当时为了革命又不得不丢下自己的下一代。”

弹片的故事

敌人的轰炸追击与艰难险阻的路途都阻挡不了红军北进的步伐。贺子珍没有时间沉浸于骨肉别离之痛，没有条件调养好自己产后虚弱的身体，就随着大部队继续上路了。

这天傍晚，队伍行进到贵州离盘县五里路的一个叫猪场的地方。这里有一条很窄的小路，路一侧是田，另一侧是高山大岭，中间有一条沟。根据以往的经验，天快黑了，敌机不会来轰炸了，连长就让同志们摘下头上隐蔽用的草圈准备放松休息，没想到这时候一架敌机从云缝中钻出，向着休养连隐蔽的地方俯冲过来，先是一阵疯狂的机枪扫射，紧接着投下了炸弹，顿时弹片四溅，硝

烟弥漫。

敌机越来越近，刹那间钻出了云层，数架敌机向休养连隐蔽的地方俯冲而来。

警卫员吴吉清急忙对贺子珍说：“快到路边的林子里隐蔽。”

“不行，还有伤员！”

贺子珍不顾个人安危，立即跑上前去，帮助伤病员隐蔽，敌机快速俯冲而来，吴吉清急得拉着贺子珍往路边跑。敌机先是用机枪扫射，随后投下了几枚炸弹，转了一圈，就飞跑了。

贺子珍、吴吉清的周围弥漫着巨大的烟尘，硝烟消散一点以后，他们马上从地上抬起头。贺子珍还没有看清面前的东西，就听到了有人在呻吟，她顺着呻吟声一看，前面有一个担架，担架上的伤员正挣扎着要爬起来。贺子珍立即扑过去，她看到那伤员身上全是血，立即背起他去隐蔽。这时敌机又飞回来了，原来狡猾的敌机并没有真正离开，转了一圈又飞回来了，一枚枚炸弹像雨一样落下来。许多人见状都大声喊着：“贺子珍隐蔽！”就在她要背着伤员躲藏时，另一架敌机朝这个方向俯冲下来，接着是一阵猛烈的机枪声和炸弹的爆炸声。隐蔽已经来不及了，贺子珍此时忘记了一切，她奋不顾身地向伤员的身上扑去。

敌机轰炸过后，同志们发现贺子珍被炸得遍体鳞伤，倒在血泊之中。经过医生李治的检查，发现贺子珍的头部、上身和四肢有十几处弹伤。长征路上没有条件动手术，嵌入她头骨里和肌肉里的弹片无法取出，医生只能把露出皮肤表面的弹片夹出，然后将伤口清洗干净，敷上白药包扎起来。

敌机轰炸过后，毛泽东听说休养连伤亡很大，特意带着警卫员和傅连暲医生过来探望。当他看见伤重昏迷的贺子珍时，把她的被子掖了掖，久久地看着妻子，脸色很沉重。但是紧迫的时间不容许毛泽东有太多的耽搁，只是留下了“抬也要把贺子珍抬到目的地”的死命令。后来贺子珍在回忆这段往事时说：“是毛泽东救了我的命。我当时昏迷着，不知道连里曾经决定把我留在老乡家里。当然，连里这样决定也是一片好心。但如果那时候毛泽东同意了，我就没命了。我的伤势那么重，农村又没有医疗条件，不要说碰到敌人了，就是光躺着也要死的。我自己苏醒过来以后，怕增加同志们的负担，也曾经多次向连里提出把我留下的意见，但他们都没有同意，我这才活了过来。”由于伤势严重，贺子珍处在时而昏迷时而清醒的状态中，全身上下如钻心的剧痛折磨着她。行军路上没有更好的药物，也谈不上营养，只能靠自身的生命力维持。但贺子珍咬着牙挺过来了，在战友的悉心照料下，她挨过了自己十年征战中最危险的时刻，奇迹般地走出了死亡线。由于延误了治疗，这些弹片留在贺子珍的身体里，经常隐隐作痛，刺激神经，使她落下一身疾病。为了摆脱弹片的折磨，贺子珍在长征后坚决要去苏联治疗，可是在她千辛万苦到达苏联后，得到的却是弹片已和肌体、神经组织结合在一起，无法取出的回答。更让她没想到的是，源于弹片的苏联之行也为她和毛泽东的夫妻关系画上了句号。十几枚弹片就这样伴随了贺子珍的一生，成了战争留给她的永久纪念和记忆深处的伤痛。

从1934年10月跨过浅浅的于都河开始，贺子珍和她的战友们怀着坚定的革命信念，渡过波涛汹涌的金沙

长征到达陕北后的贺子珍

江，跨过大渡河，翻越风雪无边的夹金山，走出湿冷泥泞的草地，终于在1935年10月胜利到达了陕北，一起完成了二万五千里的漫漫长征路。索尔兹伯里在《长征：前所未闻的故事》里提到："据说一方面军开始踏上征途时约有八万六千名男女战士。一年后的1935年10月19日，可能只有六千人与毛一道抵达陕北。"在这些人中，贺子珍和她的女战友们更显得难能可贵。她们超越了常人难以想象的困难，以坚韧不拔的精神和勇往直前的气概谱写了一曲豪迈的巾帼壮歌！长征已经过去七十多年了，这位往日的女红军战士也已经长眠于苍松翠柏之间。战争曾经留给她身体的病痛和精神的伤痛，她所生育的六个子女中有三个都因不得已送给他人抚养而再无音信。作为一位母亲，她无法忘记这锥心的离别之痛，深藏着对这些儿女的亏欠。艰苦的战争环境严重影响了她的健康，作为一个女人，她又必须忍受着身体伤痛的折磨；可是在贺子珍的心里，不会后悔走过这段长征路，不会忘怀与战友们风雨同舟的这段艰苦岁月。这段路实践了她作为一个革命者的价值，见证了她坚强勇敢的革命精神。这是她给我们留下的最宝贵的财富。

（本文选自《文史月刊》）

往事悠悠　两心依依

文/刘　英

刘　英

革命的战友，对于共同度过的那些患难与共、生死相依的岁月，是永远不能忘怀的。

邓大姐病重时，我曾俯首帖耳地问她："还记得那双雨鞋的故事吗？"大姐连连点头说："记得！记得！"尽管声音那么微弱，但十分清晰、肯定。望着大姐那安详的目光，我仿佛和大姐依依相随，又一起回到瑞金、长征路、延安城……那些战斗的年月里。

我同邓大姐相识是在1928年。马日事变后，湖南省的党组织遭到严重破坏，省委书记王一飞同志牺牲了，许多优秀党员干部被国民党杀害了。在那血雨腥风的日子里，作为省委候补委员的我，奉命到上海，找党中央汇报湖南的情况，请求党中央派省委书记到湖南领导斗争，并向中央申请活动经费。经过艰难的旅途，我辗转来到上海。通过关系，我找到中央分管湖南工作的李维汉同志，在他家住下来。随后又通过李维汉，很快见到周恩来同志。邓大姐听说湖南来了位女同志，特地赶来看我。当时，为了掩护身份，大姐穿一身缎子旗袍，俨然一位年轻太太，一看就知道，她是个洒脱、爽快、热情、机敏的人。因为我原名叫郑杰，大姐一见面就亲热地称我"小杰"，此后多年我们单独在一起时，仍习惯这样称呼。因为大姐是中央妇委书记，我是湖南的妇女部部长，所以我们的话题常常离不开妇女运动。这就是我与邓大姐六十多年友谊的开始。

1933年六七月间，我在苏联学习了四年多后奉调回国，来到中央苏区首府瑞金。当时邓大姐是苏区中央局秘书长，负责机要工作和苏区同白区间的秘密交通工作，所以我一到苏区就同邓大姐见了面。我和邓大姐相识在上海，又都经历了大革命失败后“白色恐怖”的生死考验，分别几年后，在自己的根据地重逢，那种激动和亲热真是难以形容。大姐安排我在瑞金城下肖区中央局所在地住下。这样，我和大姐楼上楼下为邻，天天在一起。周恩来同志称大姐为“小超”，我们就随着叫“小超大姐”。实际上，那年大姐二十九岁，只长我一岁，但看上去却那么成熟老练。相比之下我是那么幼稚。在等待分配时，大姐热心细致地向我介绍了许多国内和苏区的情况，帮助我尽快熟悉情况适应环境。后来，我被分配到少共中央局工作，还在下肖区，仍能与大姐经常见面。

周恩来和邓颖超

那时，苏区的生活很艰苦，既无油也无盐，粮食实行定量。同志们知道我们这些刚从国外或白区来的同志发的路费往往用不完，手里有点零钱，就让我们请客，还管这叫“打土豪”。有一天，张闻天提出要打我的“土豪”，博古等同志也纷纷响应。那时我和闻天并不熟，但我们都是外来干部，又都在莫斯科学习过，所以他敢提出要打我的“土豪”。于是，我便请他们到离下肖区几里路远的瑞金城里，吃了顿红烧肉和豆腐烧肉。那次博古和闻天都去了。邓大姐因为工作忙，实在去不了。我约请她时，她对我说：“小杰，吃饭我不去了，你就给我一元钱，我买双雨鞋吧。”那时，大家都穿布“草鞋”，布底布带，一下雨山路上泥泞，布“草鞋”踏进泥里，一拔脚，鞋就掉，很难走。我马上给了大姐一元钱，她用这一元钱买了双雨鞋。在苏区时期，她一直穿着这双雨鞋。

后来，我到福建汀州当团省委书记，离开了下肖区，但经常回来汇报工作，还可以见到邓大姐。一次大姐对我说：“胡子（周恩来同志）他们在前方同敌人打仗，很艰苦。闽西的草鞋是有名的，你能不能帮胡子搞几双布‘草鞋’，慰劳慰劳他。”我满口答应下来，回来找到团委青妇干事，请她们给周恩来总政委做两双布“草鞋”。她们找了最好的做鞋能手，精心做了两双布“草鞋”，我让人带给邓大姐，大姐高兴得不得了。从这两件小事可以看出，大姐和我情似姐妹，彼此实实在在，丝毫不见外，谁有什么困难，都靠共同力量去克服，真正是患难与共。

苏区的那段艰难岁月，给人留下极深刻的印象。无论是在党内还是在红军队伍中，上下级之间、同志之间，都情同手足，真诚相待。人人关心别人，人人也都能从别人那里得到帮助和关怀。职务再高的领导同志，也和大家一样，

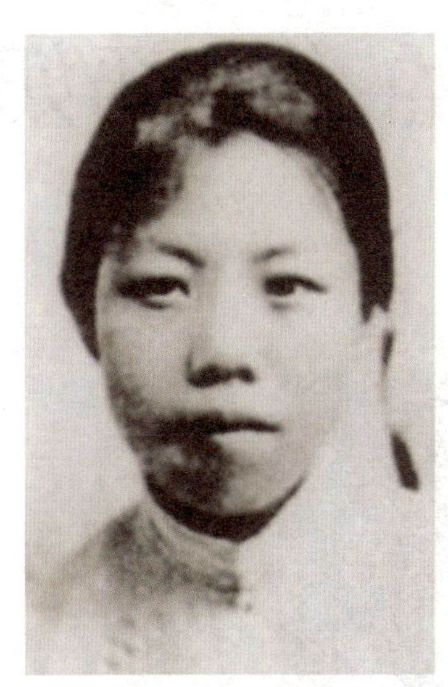

青年时代的邓颖超

一起过着没油没盐的生活，并肩投入出生入死的战斗。大家一心想的是多消灭敌人，都有一个共同的信念：国民党必垮，革命必胜！虽然当时的物质生活异常艰苦，但大家的精神生活都很充实，同志之间那种纯、真、亲的感情，使大家真正进入了风雨同舟、生死相依的境界。凡是经历过那段艰苦岁月的人，都是永远不会忘记的。

长征中，邓大姐在休养连。当时她患了肺病，病得很重，不能骑马，是靠担架抬着行军的。为此，大姐常常感到不安。长征中，我在地方工作部做群众工作，有时部队休息时和休养连同在一个村扎营，我就去看望邓大姐，但这种机会不多。到了毛儿盖，经毛主席提议，我被调到中央队，跟司令部走，在行军中管中央队同志的生活，管会议记录。在毛儿盖，休整的时间比较长，邓大姐到中央队来看望毛主席等同志时，我和大姐又能见面了，我们互问情况，非常亲热。大姐这时精神好一些，但她常常内疚，说自己生病不能工作。我安慰她说：“你的工作能力强，等你的病养好了还不是一样工作。到了根据地就可以工作了。”

到了陕北保安，邓大姐的病好一些了，有一段时间担任中央机要科科长。抗战后，她同周恩来去国民党统治区做统战工作，我和她就分开了。他们有时回延安汇报工作，我听过大姐做的统战工作报告，讲敌后妇女工作和统战工作的情况。报告给我留下了深刻的印象。邓大姐非常能干，为党的抗日统一战线、为全民族的抗战事业，作出了重要的贡献。我从心里敬佩她。

（本文选自《忆邓大姐》）

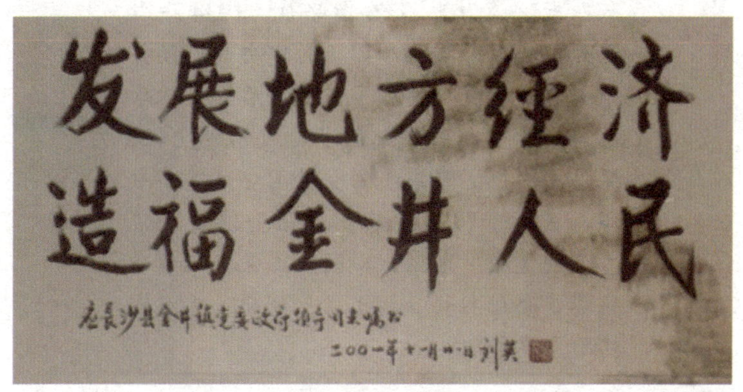

刘英为家乡题词

康克清——我们的“康奶奶”

文/刘　健

康克清

康克清（1911 年—1992 年），原名康桂秀，江西万安人。朱德夫人，中国无产阶级革命家，中国妇女解放运动的领导人。1931 年加入中国共产党。1932 年在江西瑞金任红军总司令部直辖的女子义勇队队长，直属队政治指导员。1934 年当选为中华苏维埃共和国临时中央政府候补中央执行委员。参加了长征。后曾任八路总司令部直属队组织股长，政治处主任，党总支书记，晋东南妇女救国会主任。中华人民共和国成立后，历任全国妇联常委、副主席、主席，中国人民保卫儿童全国委员会秘书长、副主席、主席、全国政协副主席等职。

三次翻越雪山、过草地

长征中，康克清带领部分女红军战士行军。红军中的女战士多是贫苦的劳动阶层妇女，参加革命前，她们生活在最底层。那个年代，贫苦妇女不仅要忍受军阀混战、地主剥削带来的痛苦，还要承受公婆、丈夫的欺凌和虐待。非人的待遇，使她们形成了吃苦耐劳、不避险阻的性格，更使她们具有了强烈的翻身愿望和革命要求。康奶奶告诉我，长征中红军女战士不仅每天遭受前有堵截，后有追兵，过雪山、草地无粮挨饿的生死考验，同时还担负着照顾伤员，抬担架，以及沿途宣传革命的任务。

行军中，战士们每逢遇到宣传队女战士鼓动的时候，情绪总是很高昂，有时还跟着学唱起来，消除了不少疲劳。康奶奶说，杨尚昆的夫人李伯钊很有文艺才干，编过很多快板段，在过党龄山时，女宣传队员就给部队唱道："党龄山三百三，路难走，山难翻。山高，高不过我们的脚背。路难走，难不倒我们两条腿。大家加油赶快翻，翻过山去有温泉……"

到了宿营地以后，女战士们顾不上休息，还要走街串巷，发动群众，宣传红军政策，建立地方政权，培养妇女干部，成立各种群众组织，扩大红军队伍和筹粮、筹款。康奶奶曾说过，在长征路上，爬雪山、过草地，我们女同志由于生理条件的原因，特别是怀孕生孩子，连一张卫生纸也找不到，碰到的困难比男同志更大。

走到后来，由于饿、累、冻，再加上风吹雨淋，绝大部分女同志都得了妇科病。康奶奶动情地回忆说："回想长征二万五千里，其间有无数的艰难险阻，但最严酷的还是过草地，饥饿和疾病是红军遇到的最大困难和威胁，许多英勇的红军战士在那里倒了下去，长眠在那里。我带领的这一部分女同志人数不多，大家紧密团结互相帮助，终于战胜困难，走出了草地，当我们回头看看想想那段艰辛的经历时，忍不住流下了眼泪。"

一手好枪法

1933年秋季，康克清按照当时军事指挥员周恩来的指示到赣江北部和万安县南部合并新建的杨殷县检查防御工事。当时赣江对岸的敌人有百来人，但不是正规军，是一伙土匪武装改编的，战斗力比较弱。可他们却不断过江骚扰苏区，抢夺群众的财产，烧房子，搞得边区群众惶惶不安。

康克清了解情况后，通过敌我力量的对比，认真分析战斗的有利和不利条件，决定在我方控制区利用有利地形，设定三面埋伏，同时又作了战斗动员。在第二天天亮前指挥部队、游击队、赤卫队等进入伏击地域，又规定了联络和出击的信号，提出了战斗和保密的要求，就等敌人钻进我们的伏击"口袋"。

果然，天一亮敌人因多次过江抢劫未遭有效打击，气焰十分嚣张。康克清利用有利地形指挥部队兵分三路向敌人

参加长征的部分女同志在北京合影。后排左三为康克清

朱德同志与康克清同志合影

发起猛攻，敌人突然发现军分区的部队，吓得大叫“红军来了，快跑呀！”顿时就乱作一团，仓皇地逃过江去了。战斗结束打扫战场，统计战果：我方牺牲一人，轻伤五人，缴枪五支，毙伤敌二十余人。并将敌人抢劫群众的牲畜、财物、粮食全部返还给群众。

游击队和群众在庆祝这次胜利时说：“有红军女司令的指挥打了这个胜仗，管叫白狗子两个月不敢过赣江！”而后，康克清听到以后，非常谦虚地说：“群众把我称作‘红军女司令’，其实名不副实。”

“康大姐”“康妈妈”“康奶奶”

在全国进行抗日战争时，日本侵略者疯狂枪杀、虐待中国妇女儿童，无数热血青年及有识之士，浴血奋战在抗日救国的最前沿。眼看大批八路军将士的孩子和烈士们的后代，成为无家可归的孩子，康克清心如刀割，整夜无眠。她做了一番激烈的思想斗争后，决定放弃当一名指挥官的愿望，将浴血前线将士的后代妥善安置，免除战友们的顾虑。在朱德的鼓励下，她主动挑起妇女儿童安置工作的重任。

1938 年 10 月，在宋庆龄、邓颖超、蔡畅、康克清等人的发起下成立了陕甘宁边区保育院。院址设在延安，保育院下辖保教、总务、卫生三个科，院内分为乳儿、婴儿、幼稚、小学四个部。在抗日战争的烽火岁月中，在极其艰难的条件下，康克清绞尽脑汁，想尽一切办法，克服一系列困难和矛盾，节衣缩食给孩子们送去温暖和关怀，带给他们物质和精神的粮食。对于那些父母在抗战中牺牲的烈士遗孤，康奶奶专门安排保姆和阿姨们负责管理教育。这个保育院为培养革命后代建立了不朽的功勋。改革开放以来，很多新一代的党和国家以及重要部门的领导人，都曾在这个保育院生活过。

在长征途中，任弼时同志的夫人陈琮英在西康阿坝地区生下了女儿远征，因当时各种条件十分艰苦，粮食很少并且无法吃饱，朱爷爷和康奶奶省下自己的口粮给陈琮英同志吃。在过草地时，他们一起在水潭边钓鱼，并做了鱼汤送给陈琮英喝。从那时起，任远征就变成了朱德和康克清的干女儿。

刘伯承元帅和夫人在抗日前线，他们的儿子刘太行就托付给了朱德和康克清照顾。刘太行至今都亲切地称呼康克清为“康妈妈”。这样的例子举不胜举。很多老同志回忆起那个年代都感慨地说：“那是生死与共的革命战斗的情怀呀！”

和康克清共同为这个保育院工作的同志们看到她面对这么多孩子的吃喝拉撒、安全防御、预防接种、防病治病、幼儿教育等问题，一心扑在保育院这个大家庭的工作上，都发自内心的称她为“康大姐”，孩子们则亲切地称她为“康妈妈”。

（本文选自中国共产党新闻网）

长征路上年龄最小的女红军——王新兰

文/余　玮

王新兰

王新兰，原名心兰，萧华将军夫人，长征路上年龄最小的女红军。1924 年 6 月出生于四川宣汉，六岁送过情报，九岁参加红军，十一岁随红四方面军长征。曾任红四方面军红四军政治部宣传员、红四军政治部宣传队分队长、中央军委三局五十五分队报务员、八路军一一五师政治部新闻电台台长、一一五师政治部秘书处机要秘书、东北南满司令部秘书兼电台台长、第四野战军特种司令部秘书处秘书、总政治部机要科副科长、总政治部专家工作室主任、交通部干部局干部科科长、交通部外事处处长、总政治部秘书处副处长、总政治部主任办公室副主任、军委副秘书长办公室副主任、兰州军区后勤部副政委、兰州军区后勤部顾问等职；1955 年被授予上校军衔；1985 年 12 月离休（正军职）。

小小通信员的红色启蒙教育和红星情绪

“哥哥当红军，弟弟要同行。莫说我年纪小，当个通信兵……”当年红军打下四川宣汉城时，一个小女孩一脸稚气地挤在看热闹的人群里，她第一次看见穿着军装、腰上别着盒子枪的女兵，十分羡慕。看到女兵们带领群众高唱这些革命歌谣的场面，这个小女孩的内心十分激动：“女兵好威武、好漂亮，我能成为其中的一员该多好。”

这个小女孩就是王新兰。王新兰原名心兰，参加革命后改名为“新兰”。1924 年 6 月，她出生在四川省宣汉县王家坝的一个知识分子家里。父亲王天保是前清贡生。六岁那年，王新兰的父亲去世。在王新兰的印象中，父亲常年穿件青布长袍，举止儒雅。父亲看重读书，王新兰记事起就常听父亲说：“耕，养命；读，达理。二者废一不可。”

王新兰的叔叔王维舟是中共秘密党员，在家乡创办了一所新式学校——宏文小学。五岁那年，父亲送王新兰到这里读书。在这里，王新兰不仅读书习字，还接受了最初的革命启蒙。

当时，王维舟秘密发动群众，建立了川东游击军，领导了著名的川东起义。于是，军阀刘存厚把王维舟视为眼中钉，悬赏捉拿他。王维舟和王新兰的两个哥哥躲在一个阁楼上，继续策划领导游击军斗争。五岁的王新兰已懂些事，慢慢有些觉察，先是发现她的哥哥姐姐时不时地往楼上钻，后来又发现只要哥哥姐姐上楼，叔叔也准在楼上。王新兰发现他们的行动有些神秘，神情都很庄重，她就想他们一定在干什么大事情。

不久，刘存厚派一个连进驻王家坝，连长就住在王新兰家。国民党连长经常指挥他的手下四处活动，搜山、抓人，给秘密党组织和游击军的联络造成很大困难。党组织看王新兰年纪小，不易被怀疑，就经常派她去送信。有些文章曾说王新兰九岁参加革命，其实王新兰早在五岁那年就在从事革命活动了。

后来，王维舟离开那个阁楼，王新兰的两个哥哥也跟着他走了。他们奔波在宣汉、开江、梁山一带的广大农村，发动群众。沉寂了几个月的川东大地又沸腾起来了。他们走过的地方，红红火火地建立起了农民协会、妇女会和游击队。这时，王新兰心里明白，这些都和小阁楼上那些秘密活动有关。

1932 年底，为配合从鄂豫皖根据地撤出的红四方面军入川，川东游击军加紧了对敌斗争，努力扩大游击根据地。到 1933 年 10 月，在红四方面军发动的宣（汉）达（县）战役中，王维舟率部配合红军主力前后夹击军阀刘存厚，打得敌人溃不成军。

11 月 2 日，红军在宣汉县城西门操场隆重举行了庆祝大会。庆祝大会上，川东游击军正式改编为红四方面军第三十三军，王维舟被任命为军长。大会盛况空前，大街小巷被挤得水泄不通。几十年后的今日，王新兰回忆起那天的情景还十分高兴。她说：“那天，姐姐心国带着我，半夜就起了床。我们一人举着一面小旗，跟在队伍里，向会场走去。离宣汉城还有好几里路，就听到了从那里传来的锣鼓声和鞭炮声。一进城，就被满眼的标语、红旗和此起彼落的口号声包围了。”

此前，王新兰还没有看见过那么多的人聚会，十分兴奋。她远远地看见站在操场土台子上的叔叔王维舟第一次穿

徐立清

上了正规的军装，刮了胡子，显得很精神。

几天后，王新兰的姐姐王心国也参加了红军，分配到红四方面军宣传委员会。看到姐姐戴上了缀着红五星的八角帽，王新兰又高兴又羡慕，整天蹦蹦跳跳跟在姐姐她们后面，一会儿跟着学歌谣，一会儿帮着刷标语。

这时，王新兰也找队伍里的人要求当红军，那人却说她太小，不行。王新兰又到另一个征兵点去问，还是不行。于是，王新兰闷闷不乐。姐姐看出了她的心思，答应她到了十二岁，一定能帮她当上兵，因为红四军有一个十二岁的宣传员。可王新兰认真地对姐姐说："那我谎报年龄，就说是十二岁。"姐姐笑着说："你长得那么小，说十二岁哪个相信？"王新兰照了照镜子，一副无可奈何的样子。

此时，西北革命军事委员会决定，宣、达一线的红军和地方机关撤至川陕苏区的中心地域通（江）南（江）巴（中）一带。姐姐担心母亲和妹妹，专门赶回家，将母亲托付给村苏维埃主席，让她随苏维埃政权机关一起转移。母亲走后，家里只剩下王新兰孤零零的一个人了。于是，王新兰一头扎进姐姐怀里哭了起来，说一定要跟着姐姐去当红军。姐姐没有办法，只好带着王新兰一起来到了红四军军部。

姐姐把王新兰领到红四军政治部主任徐立清跟前，说她的妹妹要参军。徐立清笑着打量了一下这个眼巴巴看着自己的小女孩：剪裁合身的小旗袍，透着生气的短头发，白里透红的圆脸蛋，可爱极了。不过，他还是叹了口气："孩子，你太小了——个头还没有步枪高，还是找个亲戚家避一段时间吧。"一听这话，王新兰眼泪扑簌簌地流下来。

忽然，王新兰止住哭泣，大着嗓门说："你别把我看小了，我什么都能干！"徐立清见她率真的样子，哈哈大笑："哦？什么都能干？那就说说你能干些什么。"

"好！"听首长话有松口，王新兰的劲头更足了："我会写字，会跳舞，会吹奏，还会唱歌！"说着她还用手在地上写了几个字让徐立清看。这时，姐姐王心国也在旁边帮腔："首长，你就收下我妹妹吧！你别看她年龄小，可她已经为党工作好几年了。"她如数家珍般把王新兰几年来为党传递情报的事讲给徐立清。

徐立清一边听，一边连连点头："嗯，不错，不错。"专心听王心国说完，徐立清转而对王新兰说："小妹妹，不是红军不要你，只是你的年龄太小了……"一听又没希望了，王新兰发起了小孩脾气："小？小怎么了？哪个天生会打仗，还不是一点点学起来的。我虽然年龄小，可学东西还快呢！”

在一旁的王心国替妹妹求情说：“白匪来了，和红军沾边的都得杀，留下来不是等着让白匪杀吗？就让她跟着红军走吧，我晓得她太小，没办法，能活下来就活，活不下来就……”王心国说着，眼泪也流了出来，“她小是小，却懂事，不会给队伍添麻烦的。”

徐立清想了一阵，击一下掌，说：“你，红军收下了！”王新兰破涕为笑，兴奋得跳了起来。这一年，王新兰才九岁。

很快，王新兰被分到红四军宣传委员会，和姐姐住在一起。王新兰回忆说：“穿上专门为我做的一套小军装，戴上红五星八角帽，别提心里多高兴。”

后来，红四军成立宣传队，王新兰就成了一名小宣传员，天天跟着老同志学识简谱、吹笛子、吹箫、打洋鼓，成了宣传队里的多面手，经常参加演出自编的戏剧或舞蹈，给部队鼓劲。

一天，王新兰返回宿舍没有看见姐姐，就四处找，却在床板上发现了一张字迹清秀的纸条：“小妹，组织调我到省委工作，来不及和你告别，以后就靠你自己管理自己了。”拿着小纸条，王新兰哭了起来。

原来，中共四川省委要在红四军里找一个文化程度高的人，去给省委书记兼保卫局局长周纯全当秘书，选来选去，最后选中了王新兰的姐姐王心国。王新兰没有想到，从此以后，她再没有见到自己的这个姐姐，也再没有见到两个同样在红军队伍里的哥哥及六姐夫（更让王新兰痛心的是，这四位亲人并非牺牲在战场上，而是死在张国焘的“肃反”中）。

1934年秋，红四军开到了四川北部的苍旺坝。一天，有人捎信给王新兰说：“你的母亲就在附近，病得很厉害。”王新兰心急火燎地赶了三十多里路，在一间四面透风的破房子里见到了病危的母亲。一见面，母女俩哭成一团。母亲抚摸着女儿说：“心兰，陪妈几天吧。”王新兰只是哭，不说话——部队行踪不定，她来时领导交代过必须当天返回。王新兰无法开口把这话告诉病势垂危的母亲。

后来，王新兰回忆说：“离开妈妈，走出那间破房子的时候，我没有回头，也不敢回头，怕在妈妈绝望的目光中再也迈不动脚步。”王新兰心里清楚，这次相见，是她们母女俩的永诀……

红军娃“跑”在长征路上挑战生存极限

1935年春，红四方面军西渡嘉陵江，开始长征。这年3月30日晚，在这望不到头的队伍里，不到十一岁的“红军娃”王新兰迈着稚嫩的小腿，被宣传队的大姐姐们搀扶着，登上了渡江的木船。

王新兰不知道这条船会把自己带到哪里，她只知道自己必须跟着这支队伍走，因为除了这支队伍，她什么也没有了。关于对长征的感觉，王新兰说：“最深刻的感觉就是走路，没完没了地走路，整天整天地走，整夜整夜地走。”

部队打仗时，王新兰她们就和群众一起抢救伤员，有时一天要抬几百名伤员。王新兰年纪小，抬不动重伤员，就扶着轻伤员走。长征路上，有爱讲笑话的王新兰在的地方，总有许多笑声。可是过江半个多月后，有人发现听不到她的笑声了。原来，王新兰染上了重伤寒，吃不下饭，身体一天比一天虚弱。这时，还清醒的王新兰不断地提醒自己，无论

如何，千万不能掉队——在这种时候掉队，等着自己的只有死亡。

一天早晨，王新兰挣扎着刚走十来里地，眼前一黑，就一头栽倒在地。战友们用树枝扎了担架抬着她继续往前走。部队走到川西时，她已牙关紧闭，不省人事了。没过多久，头发眉毛全都脱落了。宣传队的一位大姐抱着一线希望，天天把饭嚼烂，掰开她的嘴，一点点喂她。渐渐地，王新兰又奇迹般地睁开了眼睛。

宣传队抬着重病的王新兰行军，行动十分艰难，特别是有敌人尾追的时候。一天，在一个村子宿营时，有人建议给房东一些大洋，把王新兰留下来。红四军政治部主任洪学智得知后，赶忙来到宣传队，说："这孩子表演技术不错，一台好的演出，对部队是一股巨大的精神力量。"他给宣传队下了一道命令："再难也要把她带上，谁把她丢了，我找谁算账！"

王新兰躺在担架上，被战友们抬着走了个把月。渐渐地，王新兰开始进食了，脸色也好了起来，部队到达理番时，她已能勉强坐起来了。死神最终与王新兰擦身而过。

当王新兰能下地时，就拄着棍子，拖着红肿的双腿，紧紧地跟着队伍，走那永远也走不到头的路。王新兰人小腿短，别人走一步，她得走两步，她一边走一边在心里告诫自己："千万不能掉队，千万不能掉队！"就这样，王新兰跟着队伍跋涉在铁流之中。

病终于好了，王新兰又开始参加宣传队的工作，每天跑前跑后地从事宣传鼓动。

在翻越夹金山时，宣传队的姑娘们衣衫单薄，寒风吹在身上像刀割一般。当时大部队定在凌晨5时动身上山，宣传队必须提前到险要处搭宣传棚。王新兰她们刚走到山脚，就感到了雪山的厉害，地下的雪冻得硬邦邦的，木棍着地，发出"咯咯"的响声。越往上爬，空气越稀薄，呼吸十分困难。看到王新兰这样小的孩子站在风口上宣传鼓动，红军战士都很感动，用力向上爬。十一师过去了，十二师过去了……宣传队员们都快冻僵了。这时，陈锡联带队走过来，爱怜地摸着王新兰的头，说："部队快过完了，你们宣传队快些走，这里不能待得过久。"

6月，部队到达懋功（今小金），一方面军和四方面军胜利会师。十万大军聚集在一起，同志们相互倾诉、相互慰问，互赠草鞋、羊毛什么的。王新兰回忆说，当时到处热气腾腾，空气中充满了歌声和笑声。那些日子，王新兰每天都有演出，唱歌、跳舞、吹口琴。

部队在懋功停留了一段时间，但没有筹到多少粮食。8月上旬，部队在毛泽东的直接率领下，从毛儿盖出发进入草地。

茫茫草地，已经多少个世纪没有过人的足迹。红军战士走进来，一曲人类求生存的颂歌在无垠的草地上奏响。王新兰背着一条线毯、一双草鞋、一根横笛，拄着根木棍紧跟着前边的同志，走进了草地。

进了草地，王新兰和其他红军战士一样，白天吃野草，晚上没觉睡。"因为都是水，一块干地也没有，不过每个人都有一个小背包，里头有双草鞋，或者还有一个床单什么的，就把它垫在屁股下面坐着，大家背靠背坐着，晚上冷啊，冷得要命。”

草地的夜很长，王新兰她们又冷又饿。指导员到附近找来些枯草，生起一把火，领着她们搓手、跺脚、唱歌。歌声驱散了寒夜，迎来了黎明。王新兰回忆说：“当时，整天饿得发慌，有时挪动一步，浑身摇晃，眼前直冒金花。”

懋 功

一天、两天、三天……她们在草地上走啊走啊，前方终于出现了树木，草地走到了尽头。王新兰抑制不住泪水，与同伴们紧紧地拥抱在一起。回望草地，不知有多少战友倒下了，留在了草地上。如今，王新兰回忆说：“过雪山草地，印象最深，永远也忘不了，因为那是在整个长征的两年历程当中，最艰难最苦的，而且是挑战极限——那真是，每一个战士每一个红军都在向极限挑战。什么极限？死亡极限、生存极限。”

刚走出草地，张国焘公开和党中央搞分裂，下令红四方面军过草地南下。9月中旬，王新兰跟着部队二过草地。时值深秋，无衣无食，加上刚过一次草地，部队已经疲惫不堪了。茫茫草地，似乎没有尽头，路旁不断增添新隆起的坟头。王新兰和几个小队员谁也不说话，只是闷闷不乐地跟着部队走，心里的疑问却越来越大：“为什么不跟中央北上，为什么又要过草地南下？”

倒下的人越来越多，走到草地边缘时，战士们几乎耗尽了最后一点力气。

11月中旬，红四方面军在百丈地区与国民党军重兵激战，毙伤其一万五千余人，但因其自身伤亡过重，众寡悬殊，被迫撤出百丈，转入守势。王新兰后来说，上边叫怎么走就怎么走，直到南下碰壁，清算张国焘的分裂主义时，才真正知道是路线上出了问题。参加了百丈之役战场救护的王新兰说，此前，她还没有看见过那么惨烈的战斗：红军和川军相互扭结在一起，用手撕、用嘴咬，到处是死人，尸体摞在一起，纵横错列，触目惊心。王新兰和宣传队的同志一次次冲进硝烟里，把一批又一批伤员抬下来。王新兰说：“在百丈激战的七天七夜里，宣传队的工作特别艰难。经过百丈这一战，我觉得自己一下子长大了。”

百丈一役是南下碰壁的开始。不久，红四方面军大部集中在夹金山以南的天全、宝兴、芦山一带休整、集训。由于王新兰在火线救护和宣传中表现突出，这年11月，她光荣地加入了共青团，成

萧华与王新兰

为宣传队中年龄最小的团员。

王新兰参加的集训还没有结束，国民党薛岳部纠集十个团配合川军向天全压来，王新兰她们奉命连夜赶回部队。敌人进攻暂时被击退后，红军被迫撤出了川西，由丹巴西进。

1936年2月下旬，红军再次翻越夹金山、折多山等大雪山，于3月中旬到达道孚、炉霍、瞻化、甘孜一带。此时，全军已从南下时的八万人锐减到四万人。对张国焘的不满情绪在官兵中蔓延……

7月2日，红四方面军主力与红二、红六军团齐集甘孜。会师那天，洪学智组织宣传队敲锣打鼓列队欢迎，王新兰第一次看到了赫赫有名的贺龙、任弼时、关向应等。由于朱德、任弼时、贺龙、关向应等的努力，南下走到绝路的张国焘不得不同意北上与中央会合。

就这样，王新兰随红四方面军第三次走进了草地。王新兰说："第三次过草地是最艰苦的一次，走到草地时，部队带的粮食都快吃光了。经过前两次草地行军，草地上能吃的野菜、草根也都挖光了。进入草地不久，不少人已饿得上气不接下气，有时走着走着就看到前边一个同志倒下了……"

10月，走过万水千山的红一、红二、红四方面军在甘肃胜利会师。至此，闻名中外的长征宣告结束。被说到"是徒步走完长征全程的年龄最小的红军"时，王新兰笑了，说："当时我的年龄小，步子小，别人走一步，我得跑两三步，一天到晚总在不停地跑。别人走完了长征，我是跑完了长征。"

（本文选自中国共产党新闻网）

八路军出色的女情报科科长

文/赵勇田

林　一

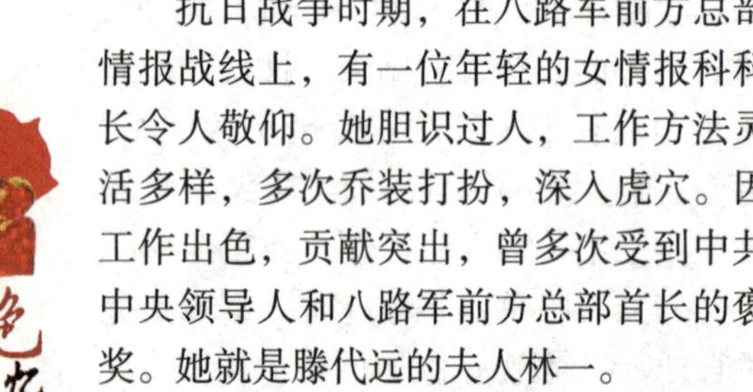

抗日战争时期，在八路军前方总部情报战线上，有一位年轻的女情报科科长令人敬仰。她胆识过人，工作方法灵活多样，多次乔装打扮，深入虎穴。因工作出色，贡献突出，曾多次受到中共中央领导人和八路军前方总部首长的褒奖。她就是滕代远的夫人林一。

抗日战争时期，我曾是八路军驻豫北办事处主任兼太行军区第五分区情报处负责人王百评的警卫员，后又在北平情报站负责人之一的王岳石身边工作，耳闻目睹了林一组织情报工作的突出表现。中华人民共和国成立后，我又因撰写《滕代远传》，有幸常常聆听林一谈当年的情报工作。现将林一担任八路军前方总部情报科和派遣科科长期间的传奇故事整理出来，以飨读者。

二十四岁的女情报科科长

为了适应抗日战争的需要，1940年10月20日，中共中央社会部派出了七人为一组的工作小分队，奔赴地处晋东南的八路军前方总部开展情报工作。工

林 一

作组成员有：组长林一（女，二十三岁）、成员张箴（二十九岁）、林放（三十一岁）、孟寒月（二十五岁）、宗韬（女，二十二岁）、靳选清（二十三岁）、任道先（二十三岁）。

工作组一行，风尘仆仆，一路艰辛，东渡黄河，于当年12月27日抵达八路军前方总部驻地——山西省辽县武军寺村。日理万机的彭德怀副总司令到林一等人临时落脚的农家房舍看望。彭总高兴地对他们说："一路上你们辛苦了，欢迎大家来晋东南地区工作。为了欢迎你们到达，今天晚饭我请客！"

情报工作组的人员不顾旅途的劳累，第二天上午在林一主持下召开会议，研讨向首长汇报的内容。一天，时任中共北方局代理书记的彭德怀、野战政治部主任罗瑞卿、中共北方局组织部部长刘锡五听取林一等人的汇报。林一说："根据中共中央有关部门的决定，我们一行七人来到这里，主要任务是搜集敌伪军队、政府、警察、宪兵、特务的情报，了解打入我抗日根据地的敌特人员的踪迹，开展反敌特斗争，以保卫我党我军的安全。"她还指出："至于完成任务的方法，可以派人打入敌占区，潜入敌伪内部，长期埋伏，等待时机，也可在我根据地边沿地带设立情报工作网点和交通联络站点等。"

在场的几位领导人仔细听着林一的汇报，一致认为任务明确，方法得当，在当前开展此项工作有利于"知己知彼"。他们当场商议确定该工作组由彭德怀亲自领导，日常具体业务向刘锡五请示和联系。为了工作方便，其建制属前总司令部秘书处。林一、张箴、宗韬对外称秘书；靳选清、任道先任报务员，行政上归司令部第三科领导；林放、孟寒月二人准备前往日军占领区开展情报工作。

情报工作小组经过半年多的努力，在对华北、华中、东北部分地区敌我态势和状况的掌握，挑选适合从事情报工作的干部，举办专业骨干训练班以及着手派遣工作等方面，都有了很好的进展。1941年7月，左权副参谋长告诉林一，由他们几个人组建前总司令部参谋处情报科，对外称第二科，科长为林一，张箴、刘岱、路展等工作人员对外称参谋。

太行山抗日根据地处于日军、伪军、顽军等各种反动势力夹击之下，中国共产党所领导的抗日力量在复杂的斗争环境里求发展。在发展中有艰苦斗争，但他们始终贯彻发动群众的战略方针，坚持敌后游击战争。

1941年5月20日，中共中央军委决定，在各战略单位建立情报组织，要求前方总部、第一一五师、第一二〇师、第一二九师、冀中军区、新四军等成立情报处。之后，前总所在地区的太行军区一分区至五分区先后建立了情报站。这几个情报站的站长都是林一亲自选拔安排的。

1941年底，八路军前方总部情报处正式成立，处长由左权兼任，副处长是项本立，下设四个科，一科为派遣科，科长林一，科内有成员张箴、刘岱、路展、周光耀等；二科为情报科，科长魏国运，科内有成员柴军武、孙明远等；三科为技术侦察科，对外称新闻台，科长钱江；四科为爆破科，科长由项本立兼任。随后，八路军太岳军区、冀南军区、太行军区也先后建立了情报处。1942年5月25日，左权副参谋长在战斗中壮烈牺牲，中共中央于8月25日调抗大总校副校长滕代远任八路军前方总部参谋长兼情报处处长。这时，林一任情报处第一科科长（派遣科科长），直至1945年8月抗日战争结束。

滕代远到职后，于1942年12月5日，在前总所在地山西省左权县麻田镇主持召开前总第一次情报工作会议，林一为此次会议的筹备工作做了精心安排。八路军驻豫北办事处主任王百评（兼任太行军区第五分区情报处负责人）出席此次会议，我当时是他的警卫员，参加了会议的警卫工作。会议开了四天，最后一天是滕代远参谋长讲话。后来我看到了他的讲话稿，他明确提出情报工作的分工和努力方向，确定了前方总部情报处主要任务是搜集战略情报，各军区和军分区的情报处、情报站的任务是搜集战役、战术情报。前总召开这次会议后，林一向上级领导提出加强前总情报处工作的诸多建议。1943年2月，延安中共中央社会部派出李成、席一两人到前总情报处一科，协助林一从事派遣工作。

八路军第一二九师向太行山挺进

情报网撒向敌占区

作为派遣科科长的林一对派遣人员的选择非常认真和细致。她不断在太行军区甚至全军范围内选人，并多次亲赴抗大总校去挑选合乎条件的干部。如1942年2月15日，林一抱着一摞干部档案材料到左权副参谋长办公室，汇报准备派出抗大六分校教育长姚继鸣潜伏敌占区开展情报工作。

林一坐在滕代远办公室边看材料边说："姚继鸣有丰富的社会经历，在北伐战争中任过副师长，1936年12月西安事变后参加了中国工农红军，多年在国民党军队里从事统战工作，他的老家在北平城内，有妻儿和住宅，熟悉当地的风俗习惯，亲友中有可利用的社会关系。"滕代远听林一汇报后，当即将此事报告彭德怀批准。这年7月，姚继鸣在林一指导下打扮成商人，办好在敌占区通用的"良民证"，在交通员王顺陪同下离开总部，辗转数日，回到北平故里。

姚继鸣进入北平站住了脚，在西四路东开了一家水果店后，派王顺回总部向林一报告。此后，姚继鸣找到比他大五岁的胞兄姚养田，按林一指示的线索又找到东城骑河楼中西医医院的"郑院长"，在这所医院里给姚继鸣安排了一个管理员的职务。这时，姚继鸣通过邻居认识了驻河北省遵化县伪治安军的营长张鸣华，经向林一报告后，林一把派往青岛尚未站住脚的王文治、王伯彦夫妇安插在张鸣华属下。曾在抗大任过军事教员的王文治被安排在伪治安军第六团团部当帖写（文书）。王文治利用职务之便，搜集、整理了治安军第六团的人员编制、武器装备、驻地分布一览表，派王伯彦送回总部，受到总部首长和林一的表扬与奖励。

经过艰苦细致的工作，姚继鸣在北平建立了稳固的情报站，可靠的骨干有八人。他以自己开办的"谦祥号"水果店为掩护，家和水果店成了他地下情报工作的"办公"场所。当他找到在伪华北政务委员会实业总署矿业局任局长的表外甥李岐山后，及时报告林一，并通过李岐山得知了北平高层汉奸们之间争权夺利的情况，以及中国矿产资源被运往日本的登记材料。

为了加强北平情报站的工作，林一又派出八路军第一二九师作战科科长、曾毕业于日本士官学校的王岳石在北平建立另一个情报站。王岳石利用父亲王文和亲友的社会关系，进了北平武装警察系统，当上了第七队的上校警衔队队长（相当于大队长）。从总部派来在王岳石身边的骨干人员有五人，我是其中之一，协助王岳石抄写情报并转送总部。几年间，王岳石紧紧掌控着这支武装力量，直至1945年8月日本投降。

此后，林一又挑选原冀南军区情报处副处长贾建国在北平建立了第三个情报站。在八路军当过团长的贾建国，到北平后选中大汉奸齐燮元为目标，做争取工作。当林一得知此情况后，向滕代远参谋长建议派前总情报处副处长申伯纯赴北平坐镇指挥。在一年多的时间里，虽然没有让齐燮元转变立场，但从他那里获得了许多重要情报，如日军、伪军战略变化的信息和各军头目的个人简况，这些都被及时送往八路军总部，发挥了应有的作用。

深入虎穴鼓士气

1944年10月初的一天，八路军前方总部参谋长滕代远要听取林一关于前总派遣人员分布情况的汇报。

林一在办公桌上摊开中国地图，按华北、华中、东北地区标出派遣人员的职业、姓名、被派往的城市以及潜伏身份，各情报网、站、点的人数。她汇报说：“北平姚继鸣情报站可靠人员有八名；北平贾建国情报站可靠人员有六七名；北平王岳石情报站可靠人员约有十人；河南开封郭有义情报站，郭有义本人混进开封契税局事务股当主任，身边可靠骨干八人；江苏南京徐楚光情报站，他是 1927 年加入中国共产党的党员，原抗大参谋业务教员，几经周折，混入汪精卫伪政权系统，身边的可靠人员有十余人之多，正准备策反伪军第三师师长钟健魂。”此外，林一还把山西太原，河北邢台、邯郸、石家庄、张家口，河南安阳、洛阳、郑州，天津，东北瓦房店及华东等地，亲自指挥和联系的情报站、点，交通站、点的简况、人员一一作了汇报。

当林一向滕代远参谋长、杨立三副参谋长报告情报工作概况后，提出要亲自深入日伪军占领区，代表总部领导检查情报工作，看望奋战在龙潭虎穴里的战友们。两位首长虽当场表示同意，但都担心她的安全问题。

1944 年 11 月 5 日，经过周密筹划，准备潜入敌占区的各种必备证件，确定行程和路线，安排沿途交通站点派专人带路和转送后，由柏淑卿协助化装成大城市阔小姐的林一，迎着寒风和雪花离开了我们一起生活、战斗的所在地——山西省左权县麻田镇，李成、刘岱、徐双海和我在村边为林一送行。

林一出行的第一站是离根据地最近的敌占区河南省安阳县城。她在那里听取了共产党员苏鸿伯开办茶庄并与伪军司令王自全结拜兄弟的工作汇报后，实地到达火车站棉布店与员工谈话。还会见了八路军豫北办事处主任王百评离任前换帖的兄弟、地方势力派、矿警队队长吴守正。凡她接触到的人，不论是我军派遣人员，还是靠近我方的进步人士，都深受鼓舞。

第二站，林一风尘仆仆地来到河南开封。潜伏在这座城市的郭有义情报站，就活跃在日本人的鼻子底下。郭有义的公开身份是开封税务局车站分所所长。林一在开封的活动，由郭有义负责安排。从根据地潜入开封的人都愿意和“娘家人”林一见面和谈话。经过红军长征的干部、和林一一起从延安到太行根据地、任八路军前方总部电台台长的靳选清，急于和林一会面；混入开封疫检所当事务员的张兰亭也愿意早日见到林一；刚从太行山根据地到郑州站稳脚跟的王贵，以及在洛阳多次获取重要情报的人员，都希望见到从总部来的人。林一对刚派到开封不久的曾洁光说：“开封是日寇在中原地区的政治、经济中心，在军事上处于非常重要的战略地位，我们的人在这里搜集敌伪军事、政治、经济、文化情报，十分重要，任务光荣而艰巨。”林一对开封情报站已打入日伪政权、军队、警察、商业、铁路运输系统的骨干分子所作出的成绩表示满意。

林一乘火车顺利抵达北平，这里是她潜入敌占区的第三站。八路军前总情报处在延安中共中央社会部的安排下，在北平先后开辟了姚继鸣、王岳石、贾建国所领导的情报站。这几个情报站，虽然在一个城市里，但不可能像在根据地一样召开联席会议听取情况、交流经

验，林一只能分别与他们见面和谈话。为了保证林一的安全，几个情报站负责人都作了周密安排。

林一落脚的地方是北平西城北沟沿后纱罗胡同七号，这里是共产党员郑平、王今英夫妇的家。此地独门独院，房屋宽敞，而郑平在社会上又有一定的身份和影响，前方总部来人经常住在这里，非常安全。在古都北平城内居住两个多月的林一，力争走到各情报站的主要点。她和姚继鸣漫步在中山公园松树林下交谈情况；和贾建国乘汽车在南苑一带观察日军的军事设施；与王岳石在中南海边走边交流情况，边逛公园边谈工作，神不知鬼不觉。

林一在北平期间，探访了前总情报处副处长申伯纯在北平长辛店的家，特意看望了从日军监牢里出来的姚继鸣的夫人李玉盈。还分别走访了由太行山根据地派到北平工作的女战友朱烨、王伯彦、赵向明等人，王伯彦还把新制的一件旗袍亲手送给林一。姐妹们见面，分外高兴，常常说个通宵。

这期间，被派往天津的情报站和东北瓦房店情报点的负责人专程赶到北平向林一汇报工作，交流情况。

三个月的“出访”里，林一冒着生命危险，纵身虎穴，进行视察工作，掌握了第一手材料，为总部首长决策提供了可靠的依据。在返程途中，她对陪同她返回总部的朱烨说：“中国人民的抗日战争到了战胜日本帝国主义的时候了，我这次敌占区之行收获颇丰，非常有意义。回到‘家里’我要仔细归纳，向总部首长提出有价值的、有利于抗日战争最后胜利的建议。”

1945 年 1 月下旬，林一回到了八路军前方总部情报处。就在这一年，中国人民取得了抗日战争的胜利。

（本文选自《百年潮》）

长征路上抬担架最多、救人最多的女红军——危秀英

文/梅世雄　黄庆华

危秀英

危秀英被编入红一方面军总卫生团干部连，踏上了长征之路。

一方面军中的三十位女红军，编在干部休养连的有二十四位。她们分成了三种身份。一是休养员，有邓颖超、贺子珍、陈慧清、曾玉、金维映、刘群先、杨厚珍、丘一涵，她们因为伤病、怀孕或体弱，在连队休养，也做些思想和群众工作；二是工作组成员，有李伯钊、廖似光、钱希均、钟月林、谢飞、肖月华、谢小梅，她们的任务是调查土豪，宣传群众，寻找民夫；三是政治战士，任务是随担架行军，做好担架排和运输班工作，稳定民夫情绪，也参加打土豪、筹粮筹款工作，有时还要抬担架，最为辛苦。危秀英就是一个政治战士。

危秀英承担着照顾四个伤员的任务，不但要找到民夫抬四副担架，而且要做伤员和民夫的思想工作。一般都要与民夫一道抬担架。而宿营时，她还得先安排民夫的吃住。

长征路上，刘少奇见她个子矮小，却总是背那么多东西，跑得还那么快，常常叮嘱："秀英，慢慢走，慢慢走！"

有一次，危秀英负责的担架有两副掉队了，她赶紧返回去寻找。找到后，追赶队伍的路上又突然遭到敌机的袭击，抬担架的民夫没经受过这样的场面，飞机一来，扔下担架便跑，一下子就跑掉了三个，剩下的一个说自己没力气，不肯走了。当时，担架上的邓发的妻子陈慧清刚生过孩子，根本无法行走。危秀英将陈慧清背至隐蔽处，又安置了另一个伤员，然后取下自己的半袋子干粮，让那个民夫坐到隐蔽处边休息边充饥，然后慢慢做他的思想工作，从自己的身世说到红军的宗旨，再说眼下遇到的困难。那民夫听了后，不但自己不走了，还在附近找回了另外两个民夫。危秀英和民夫一起抬陈慧清，翻过两座山才追上队伍。

还有一次，打退敌人的偷袭后，危秀英主动返回原路收容失散的同志。她发现有位正发着高烧的战士斜倚在路旁的坡坎上喘气，挪不开步。危秀英赶紧给他喂水，然后将他身上的行装全部拿

危秀英在延安

危秀英（左一）与战友在一起

过来背上，搀着他走。

后面传来枪声，敌人追了上来。那战士挣扎着说："快把我放下，你个子这样小，这样，连你都会垫进去，我，我不能连累你！"

危秀英一时也不便说那么多，便用命令的口气说："什么你呀我的，让你走你就快走！"就这样，她连拖带背，以树丛为掩护，竟然帮助这位战士翻过了两座大山，并帮助他回到了所在部队。

也许是这样的事情太多，危秀英本人并不记得。二十三年后，即1958年，危秀英去看望蔡畅，竟然在那里又一次碰上了这位被救的病号，原来他叫廖志高，当时已是中共四川省委书记！廖志高紧握着危秀英的手说："秀英同志，我这条命是你捡回来的，长征路上一分手，我还没向你说句感谢的话呢！"

"也许是这样。但我得到过许多帮助。这种生死与共的战友情谊在长征中随处可见。"危秀英事后说，蔡大姐送过她一袋干粮，朱德送过她一根拐杖，还有数不清的战友曾向她伸出过帮助的手……

其实，危秀英在长征中，何止救过廖志高一个人！1935年6月，部队到达四川毛儿盖沙窝，粮食奇缺，几乎全靠野菜和野蘑菇充饥。一天晚上，危秀英从藏胞家做宣传回到宿营地时，只见邓六金、廖似光、刘彩香三个女战士和哨兵、通信员都躺在地上，身边还留着一碗黑乎乎的蘑菇汤，看样子是给她留的。从小就没少吃这种野菜汤的危秀英，喝了一口就觉得味道不对，夹起一朵蘑菇仔细看了看，觉得更像毒蘑菇。再看地上躺着的刘彩香等人，一个个口流白沫，便断定他们是吃了野蘑菇，中毒了。

可是哪里有解毒药？她急中生智，忽然抱起刘彩香的头，扒开她的嘴，将手伸进她的喉咙里，三掏四挖，竟把刘彩香掏呕了。她知道，要能把毒蘑菇呕出来人就有救了。她于是又抱起邓六金、廖似光……终于将他们一个个救活了。她还用同样的方法，救了睡在附近同一个草坪上红四方面军的一位团长、一位政委、一位参谋长。

危秀英还救过邓六金。进入云贵高原的大山时，邓六金突然病了，得了痢疾，发高烧，跟不上队伍。迫不得已，她流着泪要求把自己留在老百姓家里。

危秀英向连长请求留下来，护理邓六金跟在队伍后面走。她帮邓六金背着行李，给她找水，还用刀削了一根手杖。邓六金实在走不动了，望着个子矮小的危秀英说："秀英，你走吧，要死就死我一个吧！"

"只要我在，就不能把你一个人留下来！"危秀英断然拒绝了。就这样，两个人，四天四夜，邓六金终于病愈赶上了队伍。长征后，危秀英还做了邓六金的月老，介绍她与曾山认识。

病榻上的危秀英，看起来身高不到1.4米。简直不能想象，这样一个被毛泽东、朱德等人戏称为"矮子"的瘦小姑娘，被美国记者索尔兹伯在著名的《长征：前所未闻的故事》里形容"像小白胡桃一样娇小"的她，是如何在艰难行军中，担负起那些救人的行为的。

（本文选自中国共产党新闻网）

陈若克——一心奔向延安

文/张　西

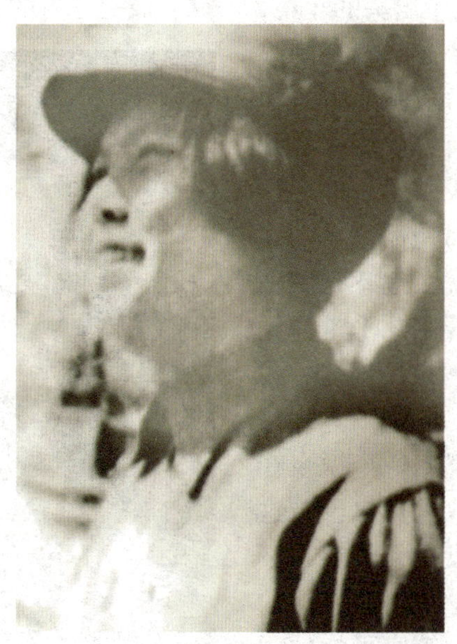

陈若克

两次奔赴延安

陈若克永远忘不了1936年8月23日，在上海的一间小屋里，在红旗下，她宣誓入党了。从此她一面当女工，一面参加地下党的工厂支部工作。然而，上海战起，她随工厂迁往汉口。因与地下党组织接关系有误，她的支部失去了与上级的联系。于是，她决定去延安，找到党组织。可是走到山西时，临汾战起，她只得返回武汉。回到工厂后，她因“违反厂命，参加抗战活动”而被工厂开除。失业后，她决定再去延安。于是，她第二次踏入山西境内。

但是战事再次阻断了她奔赴延安的路途。

陈若克与同行的男孩都饿了，渴了，累了。他们蹲在晋城的墙根下，重新计划着下一步该怎么办。突然，他们的目光被墙上的广告吸引，上面写着“华北军政干部学校，招收进步青年”的字样。

陈若克欣喜地对男孩说：“还等什么？我们去报名。”两个年轻人兴奋地向招生学校奔去。

华北军政干部学校当天正好由校长朱瑞亲自面试招生。他似乎对青年学生们有一种超常的磁力，刚一出现在学员面前，男女学生们都纷纷围过来。有的学生把他们吃的花生、核桃、糖递过来：“朱先生，你来啦！你吃不？”还有的学生直截了当地问：“朱先生你说，到底是蒋介石能干，还是朱总司令能干？”“朱先生请你解释，是三民主义好，还是共产主义好？”

刚刚来到“华干”的陈若克，脚底不由自主地向这群人靠拢过去。她打量着这位朱先生，只见他三十出头的年纪，瘦削、高个、长脸、白净，戴着一副眼镜，目光充满了激情，面带温和的笑容。当朱先生看到一名南方少女移步到他面前时，目光立刻被吸引了。他对这份美丽有莫名的熟悉，那是他家乡的女孩们特有的一种气质。就在他感到一种亲切感扑面而来时，陈若克几乎是冲到他面前，急切地问道：“阿拉要报名，找哪位？”朱瑞欣喜极了，在这满耳都是北方口音的地方，蓦然冒出一个说乡音的女孩。再次莫名地，他觉得自己与这女孩之间一定会有什么发生，他还来不及考虑会发生什么，只觉得内心突然的宽厚无比、温存无比。他笑容可掬地回应着陈若克，也用乡音回答她：“找阿拉就行，来来，侬先填表格。”他对她的口吻，既像是对小妹妹，又像是对女儿般温柔而体贴。

陈若克直率地打量着眼前这位外形很像外国人，比自己高出整整一个头的男人，听着他声若铜钟的亲切乡音，她感觉到自己的眼里闪动着灵光。

朱瑞友善地问女孩：“侬叫啥名字？”

“陈—若—克！”美丽异常的女孩诚实地回答，那时朱瑞向她投来火热的一瞥，适时地溅落在女孩水一样率真而清亮的目光里。他们在彼此的目光中，看见了自己。

一心要奔向延安的陈若克，就这么偶然与朱瑞相遇在山西晋城。尽管她十六岁起就开始了工人运动，十七岁入了党，但这点经历在朱瑞面前还是太浅太浅。这时的朱瑞，对外是八路军驻第一战区联络处主任，实际上，他的职务是中共中央北方局军委书记，负责晋、冀、豫三个省的党的工作。

朱 瑞

“华干”最初叫“华北军政干部训练所”，是朱瑞一手操持创办的。朱瑞利用国民党豫北师管区司令张轸的名义，通过地下党的关系在他的防区河南新乡创办了“华干”，不久迁到河南辉县。生源以开封师范、开封女中为主，还有河南豫北的地下党带去的一批学生以及部分平津流亡学生，有四五百名。“华干”共办三个队：地方队、政治工作队和武装工作队。共开设四门功课：政治常识、群众工作、统一战线、游击战争。学员

三个月后毕业。学校边训练学生，边做学校驻地周围的群众工作，完全是按照红军那一套办法办学。八路军派来一批教员给学生上课。校长朱瑞经常亲自给学生讲游击战争和统一战线;《怎样动员农民大众》一书的作者陈沂讲群众工作;刘子超讲政治常识。

第一期学员毕业分配走之后，第二期刚开办，日军逼近，“华干”就搬到了山西晋城。

恰在这时，陈若克来了。这个来自上海的女工，先是在“华干”学习，毕业后留校并跟着朱瑞到太行山打游击。

陈若克没有回来

位于蒙阴东北部的大崮山地势险峻，四周多是悬崖峭壁，有的高达数丈。山上有我军的兵工厂、弹药库、粮库，守卫部队是山纵第四旅大崮独立团。山纵第一旅第二团的一个加强排，在执行任务返回途中遭到敌人堵截，也来到大崮山。山东分局妇委委员、省妇救会执委、省临时参议员陈若克挺着八个月的大肚子，也转移在此隐蔽。卫生部部长白备伍特意安排卫生班跟陈若克住在一起，以照顾她。

山东分局认为大崮山是个天然屏障，敌人不可能到这里“扫荡”，然而，没想到日军占领临沂后，发起总攻的第一个目标就是大崮山。

1941年11月7日拂晓，日军首先以飞机、大炮对山顶进行猛烈轰炸。在此之前，隐蔽在山洞里的分局机关的几个女同志在给陈若克做小孩衣服。敌人每发动一次轰炸，床上的布都震起来，山上的石头灰土也呼啦啦往下掉。陈若克艰难地趴在床上，努力护住肚子里的孩子。她清晰地感到孩子在里面折腾得厉害，阵痛提前开始了。可是，无论如何，现在不是生孩子的时候，她多想找个清静的地方，把孩子平平安安地生下来。她与朱瑞结婚三年多，她们的第一个孩子生下时，正值日军“扫荡”，孩子因重病不治而死。这次，又赶上日军“大扫荡”，而且形势更加严峻。

山顶寒气逼人，陈若克头上罩着于大娘儿媳张淑贞送的盖头布，身上穿着于大娘送的深色土布褂子，内套一件米色毛衣，下身穿着一条浅色长裤。陈若克觉得自己这模样有点不伦不类的。如果不是为了掩护身份，她说什么也不愿意穿农村妇女的衣服。这会儿，她把于大娘给她梳的假髻拆掉，让齐肩的长发自由地散开，她才二十一岁，长得漂亮，又来自上海那座摩登城市，她对自己的衣着外形非常在意。在山东分局，谁都知道她喜欢穿列宁装，她的腰间系着朱瑞送的苏联皮带，里头有几颗子弹，别个小手枪。每当她骑在马上，头发在风中甩动时，显得飘逸极了，她仿佛很醉心于自己这种飘逸的感觉，一有机会就打扮，能让自己洋气些绝不往土气里打扮。因此，分局机关里对她一致的意见就是说她爱打扮，认为这个从上海来的女孩生活方面不够朴素，太贵族气，主要是朱瑞太喜欢老婆，把她惯成那样。丈夫深深爱着自己，这一点，陈若克心中十分清楚，但那是她作为一个女人的幸福和自豪。至于议论她的穿着，她才不管呢，丈夫觉得她好看，她就穿，最重要的是，她自己觉得好看，她就敢穿。在太行山时，女八路们都穿军装，连一些高级领导的夫人都穿得简单而朴素，唯有陈若克穿皮夹克。有时，队伍打汉奸时缴获下来的貂皮大衣，她也敢穿在

朱瑞与陈若克

身上。所以那时群众就说朱瑞把陈若克惯得太厉害，打扮脱离实际。

然而现在，陈若克已经好几天没洗把脸了。因为没吃什么东西，胃里也透着一股酸腐的臭味。她本能地用手护着孩子，多么希望战斗早些结束，能够母子平安地去见丈夫。可是，山上的队伍腹背受敌，寻求外援已经不可能，能否安然回到分局机关还是个未知数。

从拂晓一直打到天黑，独立团和加强排的战士浴血奋战，打退了日军的十几次冲锋。战士们子弹打光了，就拼刺刀，刺刀弯了，就用石头砸。最终，敌我双方伤亡都很惨重，阵地上尸体横陈，分不清彼此了。

虽然陈若克行动艰难，但她仍然坚持安慰分局机关的家属，指挥人员掩埋牺牲的战士。她向他们默哀致敬，对日军的仇恨，使她忘记了生理上的疼痛。

大约夜里 11 时，当一股日军从山背后驾着云梯摸上来时，部队决定撤守突围。再不离开，将陷入全军覆没的危机。陈若克与独立团团长和政委决定，秘密将山上所有仓库及兵工厂炸毁。处理完这一切，陈若克指挥着山上几十名机关家属和群众用绳索从大崮山顶缓慢地往下撤退。

分局机关的家属们分成两路突围，一部分女同志朝南走了，陈若克由警卫员搀着往北去，大家说好到桃花坪村集合。

从大崮山上突围出来的女同志们陆续回来了，唯独不见陈若克的身影。朱瑞的脸色越来越难看，他意识到陈若克此行凶多吉少。他强忍着焦虑和思念，等着陈若克安全归来。

陈若克抱着孩子壮烈牺牲

夜里，陈若克从大崮山撤退后，由警卫员搀着往北面走去，由于阵痛加剧，她的行动越来越缓慢，渐渐地，与突围的队伍失去了联系。

陈若克艰难地走了五六个小时，阵痛一直折磨着她。拂晓时，她终于支撑不住了，她让警卫员赶紧到附近的村里找个老大娘来帮忙。陈若克未等警卫员返回，便生下了孩子。她脱下于大娘给她的大褂子，把这个不幸的女儿包起来。孩子的哭声引来了一队端着刺刀的日军。原来，日军攻占了大崮山后，发现八路军都跑了，便组织了几个小分队搜寻掉队的八路军伤员。

一群日军拥了上来，陈若克下意识地掏枪，可是，手枪在大崮山被别的同志带走了。她怒目圆睁地徒手与日军拼命，日军一看，这个弱小的女人也太凶了，上去就是一枪托，把她砸昏在地。陈若克被捕了！

日军小队并不知陈若克是何许人也，只觉得这个女人很凶，表情凶，说话凶，一点都没有刚生过孩子的柔弱，更没有普通女人的胆怯。给她吃的，她不要；

问她什么，都不说。他们原打算随随便便把她枪毙了算了，可又觉得这个女人不一般，也许很有来头。日军用铁丝把陈若克的手脚捆住，关进一间小屋。一天一夜之后，陈若克竟然水米未沾。这时，沂水城的电文回来了，让日军小队队长把陈若克母女押往沂水城的宪兵司令部去审问。

马夫把陈若克横放在马背上，把她的手脚用绳子拴在马鞍上，而婴儿则装进一条马料袋里背着。婴儿被马草扎得扯着嗓子哭喊，母女俩就这样颠簸了一百多里。

陈若克的心都要碎了，那是她和朱瑞的孩子啊！那是她的心肝，孩子又有什么罪，一出生却要忍受这种虐待！但是陈若克强忍着，决不在日本人面前掉一滴眼泪。

陈若克被押到沂水城的日本宪兵司令部，直接被送到刑堂。宪兵队队长亲自提审陈若克。

“你是哪里人？”

“听我是哪里，就是哪里的！”

“你丈夫是谁？”

“我丈夫是抗战的！”

“你呢？”

“我也是抗战的！”

陈若克的话不仅让翻译官受窘，连宪兵队队长也觉得无言以对。中国的女八路真有骨气，竟然敢当面侮辱日本兵。

看到敌人不说话，陈若克催促道：“还问什么？快点枪毙好了！”

“枪毙？”敌人缓过劲来，冷笑着说，“没那么容易，还得赔上一颗子弹哩。”

“那就刀杀！”

“刀杀还得用力气哩。”

“随你的便！”此后陈若克再也不作声了。她一心求死。对于死，她是随时准备着的。为了这，早两年她就向丈夫要了一支手枪。在于大娘家分别的那个晚上，丈夫还提醒她，手枪还是要带着啊！她向丈夫会意地点点头，表示她懂。只是，当她真的想要壮烈赴死时，手枪却没在身边，革命，偏偏给了她更高难度的考验。

日本人毫不客气地把陈若克按在地上，用大红烙铁压在她的背上，她惨叫一声，昏死过去。醒来后，日本人再问：

“你是干什么的？”

“我是抗日的！”

“你丈夫是干什么的？”

“就是打你们的！”

之后，陈若克再也不屑理会日本人。

日军被陈若克的傲气激得暴跳起来，这次，红彤彤的烙铁按在陈若克的胸部、脸部。她一声不吭，直到昏死过去。日本人想用暴力摧毁一个中国女八路的意志，他们失败了。

陈若克被抬进牢房，她虽然昏迷着，但膈肌痉挛导致胃部产生的特有气呃，惊动了先被俘的杨以淑。1940 年 8 月，陈若克小产时，杨以淑曾经为她做过特护。

杨以淑从押禁的屋里跑了出来，看到陈若克穿着挺高级的浅色毛衣和浅色裤子，杨以淑的心里“咯噔”一下：完了！因为“扫荡”一开始，女八路们都换上破旧的衣裳，在这种环境里，普通老百姓哪有穿毛衣的呢？这不好掩盖身份呀！

再看陈若克，紧闭着眼睛，脑袋上包着纱布，厚厚的纱布被血浸透了，看起来伤得很重。杨以淑忍不住哭了。陈若克睁开眼睛，认出是杨以淑，她艰难地吐出一句话："哭什么，我们既是中国人，中国人就有中国人的苦痛。哭有什么用处！"陈若克从容坚定地用平时批评同志的口吻说着。之后，就闭上了眼睛。杨以淑看到陈若克旁边包着个婴儿，婴儿干涩地哭着。

当天杨以淑到走廊里放风时，一个叫于谦的年轻八路军也出来放风。两人对着个炉子烤手，于谦悄悄说："哎，咱想办法把她的孩子救出来吧。"

"行啊，可咱怎么救呢？"杨以淑的话还没说完就来人了，两人各自散了。

敌人换了一种方法来对付陈若克。他们看到陈若克没有奶，就把一瓶牛奶送到牢里来。

"我们已经知道你是八路，你很坚强。可你同时也是孩子的母亲，难道你一点都不疼爱你的孩子吗？"日本翻译官按照日本人的意思，试图说服陈若克。

孩子饿得几乎哭不出声，干瘪的小嘴一张一合地翕动着，眼神绝望地望着母亲。陈若克的心让孩子揉碎了，却决不为日本人所动。她把日本人送来的牛奶摔在地下，说："要杀就杀，要砍就砍！少来这一套！"

陈若克艰难地揽过孩子，伸出自己流血的手，对着心肝宝贝说："孩子，你来到世上，没有喝妈妈一口奶，现在就要和妈妈一起离开这个世界，你就吸一口妈妈的血吧！"说着，她把手上的血滴进了孩子的嘴里。

陈若克一意绝食。杨以淑难过极了，她真想劝陈若克给孩子吃一口吧！可是陈若克决定了的事，是不会改变的。

过了两天，敌人借口替陈若克"治病"，把她抬走了。

11月26日，日军杀害了陈若克母女。汉奸们伸着大拇指悄悄议论："这个带小孩的女的审了几天就闹了几天，一点也不怕，还喊口号、唱歌哩，真厉害！"

陈若克在临刑前，紧紧抱着自己的孩子。有个老百姓想帮她抚养孩子，她至死不放。在陈若克看来，整个民族都在苦难中，孩子的性命算不了什么，索性拼上一块血肉，好让日本人知道中华民族是不可战胜的！

陈若克被刺刀扎死了。她的孩子也同母亲一起参加了这一悲壮的斗争！陈若克曾引《新女性》里的一句对丈夫说："除死无大难，做工不再穷！"

这个个性极强，热爱时装、热爱骑马、热爱丈夫、热爱孩子、热爱理想的中国女八路军战士，拼上她年仅二十一岁的生命，她让敌人知道：中华民族是不可战胜的。

（本文选自中国青年出版社《抗战女性档案》）

沈安娜——蒋介石身边的红色女谍

文 / 李荣刚

沈安娜

老年沈安娜面容慈祥，满头银发，精神矍铄。她曾是共产党打入国民党内的一名谍报人员，在国民党中央核心机关里战斗了十一年。

传递情报中收获爱情

1915 年，沈安娜出生在江苏泰兴的一个书香门第。1932 年入读上海南洋商业高级中学，结识了在中共特科从事秘密情报工作的中共党员华明之。1934 年，由于没钱缴纳学费，沈安娜选择了收费低且学期短的中文速记学校。

1934 年冬，国民党浙江省政府要招一名速记员。中央特科领导王学文希望沈安娜能承担这个工作。经过考试，沈安娜被正式录用为浙江省政府秘书处议事科速记员。凭着每分钟一百多字的记录速度和一手好字，沈安娜很快在浙江省政府站稳脚跟。

不久，沈安娜接到了组织上的暗语密信，希望她“回上海一趟”。她偷偷地把省政府的一些会议文件、记录夹杂在衣物中装进小提箱，带回了上海。王学文看了情报后说：“安娜一炮打响！”

“这是我第一次为党组织提供情报，我也不知道什么情报是重要的。我特别留意保安处处长宣铁吾的秘密军事报告，因为宣铁吾主要负责‘清剿’皖浙赣边区和浙南地区的红军游击队。”沈安娜将宣铁吾的报告、国民党的计划以及武器装备、公路碉堡的附件、图表等重要情报，用特殊药水写在信纸背面，然后正面写一般的家信。

王学文派华明之到杭州取情报。华明之和沈安娜有时在茶室里会面，有时装扮成情侣在西湖碰头。多次接触后，他们真的恋爱了。1935 年，他们在上海举行了婚礼。

1936 年冬，朱家骅接任浙江省政府主席。沈安娜很快得到了朱家骅的信任。

国民党的特别党员

1937 年日军侵华，沈安娜和华明之随浙江省政府西撤，与上海党组织失去了联系。

沈安娜找到了八路军驻武汉办事处。董必武对她说：“朱家骅现在是国民党中央党部秘书长，你可以找他要求进中央

沈安娜和丈夫华明之

沈安娜和丈夫华明之

党部工作，为党继续收集情报。”周恩来叮嘱沈安娜：“在国民党核心工作，一定要注意隐蔽，既要大胆，又要谨慎。”

第二天，沈安娜求见朱家骅。她说：“我千辛万苦赶来武汉，请主席栽培，安排个工作，好为党国效劳。”朱家骅很高兴，说中央党部正缺速记员，接着问她是不是国民党员。沈安娜随机应变地回答：“我在浙江时还年轻，没有加入，现在加入可以吗？”朱家骅马上交代给沈安娜办“特别入党”。

1938 年 8 月，武汉保卫战失利，沈安娜和华明之跟着“国民参政会”的包船前往重庆。机要处得知沈安娜是朱家骅亲自安排进来的老部下，对她十分信任，她一报到就被派去担任国民党中央常务委员会的速记员。

宋美龄的新部下

1939 年 1 月 21 日，国民党五届五中全会在重庆召开。主持人是蒋介石，沈安娜端坐在速记席上。这是沈安娜第一次见到蒋介石。此后，国民党中央常务委员会和中央全会都由沈安娜担任速记。蒋介石做梦也没想到，埋头记录的沈安娜，竟是中共情报员。

1942 年，中共南方局派来领导沈安娜、华明之的徐仲航被捕，他们与党组织失去联系。沈安娜回忆说：“那是我一生之中最艰苦的时期，我每天搜集到的情报，因没人来取，不得不又亲手销毁。”

1943 年 5 月，沈安娜被安排为宋美龄的讲话做速记。每次速记前，她都会找出自己最好的旗袍穿上，因为这样去见宋美龄才显得比较得体。每次速记完，她都将速记符号翻译成文字，工整抄录，封面上还加上漂亮的美术字标题，宋美龄看了非常满意。

1946 年 3 月，蒋介石连续两次召开最高军事会议，策划在半年内击溃八路军、新四军主力，会上还确定了军事部署和兵力调配。这些我党最需要的预警性战略部署情报，都被沈安娜用速记符号仔细地记录了下来，并迅速送到延安中共最高决策层。周恩来对于这一时期的重要情报，给予了“迅速、准确”四字口头嘉奖。

1946 年 6 月，蒋介石悍然发动全面内战。在那段日子里，蒋介石在国民党的高层决策会议上，讲到一些绝密问题时，会突然示意：“下面的话不要记。”这时，全场的人员都要停下笔来，沈安娜也不例外。但她把蒋介石的讲话牢牢记在心里，待到休息上厕所之际，再偷偷记录下来。

获得嘉奖

1949 年 4 月，上级领导指示沈安娜和华明之：“不必随国民党南下了。”他们悄然离开南京，回到上海。5 月，上海解放，沈安娜长达十五年的地下谍报生涯宣告结束。

1949 年 5 月 1 日，中共中央情报部通电嘉奖了吴克坚领导下的情报系统工作人员，其中就包括沈安娜和华明之。

（本文选自《环球人物》）

潜伏敌后的特工之花

文/王 波 周 强 王 超 杨盛琼

张露萍出身于军阀、国民党家庭却加入中国共产党，投身革命，憧憬着民主事业胜利的曙光早日实现。她犹如一柄出鞘的利剑，插入敌人的心脏，凭着过人的胆识及睿智，在敌人最森严、最机密的特务首脑机关里，构建了一个“红色电台”，制造了令蒋介石震惊的“军统电台案”。被国民党特务逮捕后，军统头子戴笠亲自出马提审张露萍。尽管戴笠用尽各种酷刑，张露萍始终没有吐露半点党的机密。

张露萍

在息烽县，张露萍是家喻户晓的巾帼英雄。

叶剑英安排张露萍“潜伏”

张露萍于1921年出生，原名余硕卿，曾用名黎琳。父亲是四川地方军阀、国民党暂编第一师师长余安民，母亲毕业于北京师范大学，后到英国牛津大学进修音乐。

1937年11月，在车耀先和党组织的帮助下，张露萍奔赴延安，先后毕业于陕北公学和抗日军政大学，1938年10月加入中国共产党。同月，张露萍被中共南方局军事组负责人叶剑英安排到国民党军统局电讯总台做地下工作，同国民党军统特务进行斗争，建立秘密党支部，负责领导在国民党军统电台工作的中共地下党员张蔚林、冯传庆，向南方局传递情报，并伺机发展党员，壮大组织。

就这样，年仅十八岁的张露萍和她的战友们，如同一柄出鞘的利剑，插入了国民党的心脏。张蔚林、冯传庆、张露萍带领报务员杨洸、赵力耕、陈国柱、王锡珍同志，由七名共产党员形成一个集体，利用其特殊的身份与敌人斗智斗勇。经过一段时间的学习，军统在全国设置的三百多个电台的呼号、波长情况，张露萍了如指掌。与此同时，延安电台也不断收到在军统电讯总台工作的共产党员冯传庆利用电台值班间隙发出的密电。

有一次，冯传庆从军统局发给延安附近一个潜伏电台的密电中，破译出戴笠派遣了一个特务小组伪装成进步青年，准备打入延安。张蔚林及时向张露萍报告，随后张露萍向中共南方局军事组汇报，延安得到情报后，很快就破获了这个特务小组。国民党极为重要的电讯总台，就这样变成了共产党的红色电台。

“军统电台案”震惊蒋介石

1940年2月，张露萍回到成都，她利用探亲机会，了解川军情况，便于进一步开展统战工作。就在她回成都期间，张蔚林在工作中不慎将一部收报机的真空管烧坏，随后，张蔚林到中共南方局报告时，电讯总台发现他没有上班，也没有请假，以为是生病了，于是，军统派人到其住所牛角沱寻找，结果发现张蔚林的住处有军统局在各地电台的配置和密码的记录本、张露萍的笔记、七人小组名单、报务员陈国柱和王锡珍的入党申请书等。

军统特务发现这一秘密后，就趁机以张蔚林之名，给张露萍发了一封电报，称“病重，望妹速返渝”。当时，成都地下党已来不及通知张露萍真相，她一回到重庆，立即被捕。随后，军统局先后又逮捕了中共特工赵力耕、杨洸、陈国柱、王锡珍。中共特工冯传庆被党组织安排去延安，在途中也被捕。这就是震惊国民党上下的“军统电台案”，被称为“戴笠特工生涯的最大败笔”。

张露萍被捕后，军统特务用她作为诱饵“放长线钓大鱼”，假意将她释放，

张露萍

派出军统两个女便衣紧跟其后，查看她与谁交流，结果，张露萍并没有跟任何人联络，甚至不与别人说话，军统的阴谋没有得逞。

“军统电台案”也使蒋介石受到极大的惊吓。他大骂戴笠无能。戴笠认为，一个十九岁的女孩子能有多大能耐？却不曾想到，不管经过多少严刑拷打，张露萍始终没有招供。

在息烽集中营宣传党的主张

1941年3月，张露萍等七人被转押至贵州息烽集中营，她的监狱代号为“二五三”。

在狱中，张露萍参加缝纫厂劳动，还在狱中举办的《复活月刊》《养正》周报上撰写诗文，用曲折巧妙的手法宣传党的主张，揭露国民党“消极抗日积极反共”的倒行逆施，抒发共产党人的高尚情操；在文艺演出活动中，张露萍在

歌颂反法西斯女英雄的话剧《女谍》、曹禺的《日出》中担任女主角，利用这样的机会，强烈地控诉反动统治阶级所造成的社会罪恶，从而唤起了人们对新的社会制度的向往。

1945年6月下旬，戴笠由重庆给息烽集中营头目周养浩发来密电，要求将张露萍等七人就地处决，报局备案。周养浩立即召集警卫组长刘振乾、警卫股长荣为箴、行刑队队长李行观等人密谋策划，准备处决张露萍等七人。

“我现在心里很坦然！”

1945年7月14日上午，天刚亮，“义斋”女管理员张家启打开牢房，对张露萍喊道：“二五三，赶快收拾行李，今天要送你到重庆去开释。”

张露萍从女看守的脸上看到了死亡的征兆。她深思：在生命的最后时刻，一个共产党员应该怎样用鲜血和生命来捍卫党的尊严，捍卫共产主义的崇高信仰……她沉静地梳头，整理容貌，轻轻地吻了吻宋振中的脸，并和徐林侠、黎洁霜等难友一一握手告别，从容地走出了度过四年的“义斋”。

在保安处领出皮箱后，张露萍迅速从中取出她在重庆进行秘密工作时用过的浅咖啡色薄呢连衣裙和红宝石戒指，给自己穿戴上，再现自己当年战斗的英姿。又从皮箱中拿出一个打火机送给黄彤光作纪念。接着，她要黎洁霜拿出口红，请黄彤光给她化妆。

黄彤光接过口红，为张露萍化妆。由于心情沉痛，手不断地发抖，口红擦不上去。张露萍安慰她：“彤光姐，你不要难过，我知道我要到什么地方去，我现在心里很坦然！”

张露萍走上刑车，与已经被押坐在车上的张蔚林、冯传庆、赵力耕、杨洸、王锡珍、陈国柱六名战友见了面。这一面时隔四年之久，“妹妹……”“张小姐！”张露萍也几乎是同时向六位亲切地叫了声“哥哥”。

刑车缓缓地驶出集中营大门口，张露萍一下子站起来，放声高唱《国际歌》，战友们也大声地跟着合唱。

刑车停在快活岭，特务们要张露萍等人下车休息。刽子手们从后面开枪了！张蔚林、冯传庆等六名战友相继倒在血泊中。张露萍脚上中了一枪，身躯一震，转过身来，看了看躺在身后的战友们。刽子手再向她开枪时，第一发子弹没有打中，她大骂了一声：“笨蛋，朝我胸口开枪。”第二枪也从旁边飞过，她又骂了一句。直到第三枪被击倒后，她还抬起头来瞪着敌人大喊：“再开两枪嘛！”

张露萍的凛然正气，吓得特务们从石阶上退了下来，用枪瞄准张露萍的特务手在发抖，队长荣为箴慌忙从特务手中夺过卡宾枪，朝张露萍射击。张露萍身中六弹，在息烽快活岭殉难，年仅二十四岁。

情报工作是个充满危险、充满牺牲的事业。1953年10月27日，张露萍被追认为烈士。张露萍领导的“牛角沱七人小组”的事迹，直到20世纪80年代才大白于天下。1984年，七人的烈士墓迁到息烽阳朗村，并新建纪念碑一座。

（本文选自《黔中早报》）

抗日女英雄李秋岳

文/苏　亮

七十余年前，在关东大地上曾有一位叱咤风云、浴血奋战的抗日女英雄，她就是朝鲜抗日女英雄——李秋岳。

李秋岳，原名金锦珠，别名张一志、柳明玉，朝鲜平安南道中乐郡人，出生于一个贫农家庭。1908年，父亲不幸去世，她与母亲相依为命，生活艰难。她在平壤中学读书时，受十月革命胜利的影响，开始接触马列著作，阅读革命书刊，学习革命理论，传播马克思列宁主义，走上为民族独立、祖国解放而斗争的道路。

1919年，李秋岳参加了朝鲜人民为争取民族独立而举行的“三一起义”，与杨林相识，建立起深厚感情，并结为革命伴侣。“三一起义”因遭到日本帝国主义的血腥镇压而失败。杨林转赴中国参加革命。1924年，李秋岳为摆脱敌人搜捕，告别母亲，只身来到中国。在中共党组织帮助下，在广州找到了杨林，参加了中国革命。

1925年2月，李秋岳参加国民革命军东征军宣传队。6月，参加平定滇、桂军叛乱的斗争。同年，加入中国共产党，进入黄埔军校工作与学习。1927年，蒋介石发动“四一二”反革命政变，8月，他们夫妇二人服从党组织安排，同赴苏联莫斯科东方大学学习马列主义和军事技术。她逐步成长为一名有才能的党的政治、军事干部。1930年，与丈夫学成回国后，她被分配到中共满洲省委机关工作，在延吉、汪清、和龙等地发动群众，建立地方革命武装。不久，调至中共东满特委工作，积极发动群众，建立秘密的群众组织和革命武装，发表抗日演讲，号召中朝人民联合起来，组织抗日武装，共同抗击日本帝国主义的侵略。1931年，李秋岳与丈夫被调回中共满洲省委，她被安排在省委妇女部从事妇联工作，经常深入工厂及市民家中，宣传抗日救国的道理，发动妇女参加抗日救国活动，做了大量宣传及组织工作。因工作表现突出，李秋岳受到党组织和同志们的一致好评。1932年，杨林奉命调中央苏区任红一方面军补充师师长，她被调至中共珠河中心县委工作。她将刚出生不久的儿子托付给一家农户照料，以全部精力投入抗日救国的革命活动中。

李秋岳先后担任中共珠河中心县委委员、妇女部部长、中共珠河中心县委铁北区委书记等职务。在群众中享有很高威信，与赵一曼并称为“黑白二李”，她被群众亲切地称为“李黑子”。她与赵一曼同为珠河抗日游击区的领导和组织者，成为游击区著名的抗日女英雄。1934年，毛泽东同志关怀她的情况，欲调其赴中央苏区工作，她闻讯后，感动得热泪盈眶。但因中央苏区形势紧张，她复返中共珠河县委，继续进行抗日斗争。

1934年，大批日伪军开始“扫荡”珠河游击区。1935年，李秋岳亲率铁北群众支援哈东支队的活动，为部队送子弹、送鞋、送粮、做衣服，组织救护队抢救伤员。其间，因无法照顾孩子，其爱子不幸夭折，她亦患上严重的肺病，但仍以顽强的毅力，坚持在河东、侯林乡黑龙官、乌吉密、石头河子、三股流等地组织领导抗日斗争。游击区遭敌人破坏后，根据中共满洲省委及珠河中心县委指示，她率铁北革命群众向延（寿）、方（正）地区转移，开辟方正—延寿游击区，任中共延方特支书记，领导组建了中共方正县委。1936年2月，李秋岳奉调通河，着手重建遭到破坏的中共通河特别支部，任书记。她脱下朝鲜服装，改穿汉族服装，深入朝鲜族农民中发动群众，宣传抗日救国的道理，活动于西北河、北六方、漂河、二道河子等地。历经六个多月的群众工作，于通河西北河南屯、北六方、漂河西南屯、二道河子等地，建立起反日会组织和抗日游击根据地。她亲自起草《通河反日会章程》，发展党员，动员青年参加抗联武装抗日，领导建立了西北河抗日游击根据地，对抗联赵尚志部给予了有力的配合，为通河地区抗日活动的开展作出了重大贡献。她利用一切时机向人们宣传抗日救国的道理，教唱革命歌曲，散发《东北抗日联军临时政府成立宣言》《中国人对日本帝国主义的策略和战略的基本纲领》《东北抗日联军第三、第四军战况》等传单，张贴标语，极大地鼓舞了通河地区民众的抗日斗争。在长期的革命斗争实践中，李秋岳积累了丰富的经验，受到当地满、汉族妇女及群众的爱戴与关心。她表示：“我们的抗日队伍一定能把日军赶出中国去。我们盼望着这一黎明时刻的到来，为了抗战的胜利我们就要克服种种困难，在火热的斗争中，大家为国家不怕牺牲是伟大的！”“在这伟大抗日斗争的一角里，我自己能出把力，这是我感到非常光荣的事情，我愿为抗日斗争奋斗到底！”

同年8月，通河地区抗日斗争声势日炽，引起敌人恐慌，称通河“已陷入不治之境”“是一难治的癌症”。日伪当局开始大搜捕。派出大量军警宪特，并重金悬赏搜捕李秋岳。她不惧危险，依然同敌人周旋，领导珠河的抗日斗争。27日黎明，她在祥顺南之北六方屯，不幸被伪祥顺警察署署长孙凤周率部抓捕。被捕后，李秋岳严厉拒绝敌人的诱降，受尽严刑拷讯。她被几次打昏过去，仍坚贞不渝，痛斥日本侵略者屠杀群众等

李秋岳的丈夫杨林

东北抗联骑兵部

罪行，始终对抗日斗争的胜利充满信心，坚信东北沦陷区收复之际，即是光复祖国之时。同时，为自己能在这条战线上工作，感到很难得、很充实，坚信反日实践运动一定会成功。日军多次劝她写“反满抗日悔过书”，均遭其拒绝，她说：“反日无罪！抗日无罪！我没有什么悔过自新之处，为了实践既定的目标，叫我改变反日思想是绝对不可能的！”她大义凛然痛斥日本侵略者侵略中国、屠杀民众的罪行。敌人对她伎俩使尽，一无所获。9月3日，敌人再度逼迫她写“悔过书”，她挥笔而就：“丧失国家的人，为恢复国家而斗争是没有错误的！……”敌人将她押赴通河县城西门外刑场。临刑前，她大义凛然，视死如归，高呼“打倒日本帝国主义”“中国共产党万岁”“把日本鬼子赶出中国”等口号。中华人民共和国成立后，当地人民政府将其遗骸安葬于黑龙江省通河县烈士陵园。

（本文选自牡丹江大鹏新闻网）

琼崖女杰刘秋菊

文 / 陈　耿

耸立在刘秋菊烈士纪念园的刘秋菊汉白玉雕像栩栩如生，她腰间斜挎驳壳枪，背着一顶竹斗笠，头发自然往后梳，目光炯炯望前方。

刘秋菊相貌平平，但朴实中透着一股英气。“我母亲就像个‘农村伯姩（妇女）’，但这对她干革命帮助很大，不显眼，很容易从敌人眼皮底下脱险。”刘秋菊的女儿林玉香如此描述自己的母亲。

刘秋菊雕像底座有 1990 年康克清题写的七个大字——“琼崖女杰刘秋菊”；雕像的正前方是一道照壁，上书“名扬神州”；刘秋菊的雕像后面有一座亭子，匾额上的三个大字为“杰人亭”。

刘秋菊的故事，历来为海南人民津津乐道。至今还流传着许多关于这位女中豪杰的传奇故事。

平民本色帮她脱险

1899 年，刘秋菊出生在琼山县演丰乡（现海口市美兰区演丰镇）福云村。幼年丧失双亲的她，给地主当过长工，饱尝了人生的辛酸。大革命时期，革命烽火在其家乡燃起时，刘秋菊毅然报名参加共产党领导的农会，此后走村串户，宣传发动群众跟土豪劣绅作斗争。

在琼崖革命先辈林克泽的介绍下，刘秋菊于 1927 年加入中国共产党，此后艰辛的革命环境让刘秋菊身经百战，也屡屡遇险，但几乎每次她都以其平民本色顺利脱险，叫敌人识别不了，奈何不得。刘秋菊这方面的故事简直举不胜举。

1928 年春节期间，刘秋菊、林克泽等人在演丰乡迈聘村共产党员林太川家里开会，由于探子告密，敌人派出民团二十多名团丁，把村子包围了起来，情况万分危急。刘秋菊坚决让林克泽等人先从后门撤退，自己决意与敌人拼个你死我活。

刚好此时林太川的妻子正在给双胞胎喂奶，刘秋菊急中生智，立即把身上的一件衣服脱掉，将枪藏好，给林大嫂使了一个眼色，然后从她怀里抱过一个婴儿，佯装给孩子喂奶。不久，敌人冲入林家，刘秋菊暗暗拧了一下婴儿的屁股，孩子顿时哇哇大哭。于是，她搂住婴孩一边摇动，一边喃喃自语：“哦哦哦，侬别哭，不用怕，老总是过路的。”“看见一个穿黑衣服的‘共产婆’没有？”敌人对她们这对“母子”未起疑心，只是恶狠狠地向她问话。

“他们刚跑出去了。”刘秋菊指着林克泽撤离的相反方向答到。

还有一次，刘秋菊到云龙执行任务时，被敌人追赶，进入一个村庄时，看到几个妇女忙着舂米，于是脱去黑色外衣（她经常穿着黑色外衣，但身上穿了两三件衣服，以应付紧急情况），凑上前去，跟她们一边舂米，一边嘻嘻哈哈地拉家常。当敌人靠近时，她故意撞倒旁边的一位村妇，假装为争着拿簸箕而吵起架来，旁边的几个姐妹连忙劝和，假戏真做，敌人就是看不出破绽来。

刘秋菊雕像

机智过人克敌有方

王万江说：“刘秋菊不但能从敌人眼皮底下脱险，还善于在己方力量不足的情况下，巧妙地制敌。”

1930年7月的一个傍晚，刘秋菊和神枪手林茂松（后来成为她丈夫）执行任务回来，经过琼山苏寻三乡的一个山涧时，依稀看见有一百多个敌人黑压压地包围过来，他们赶紧躲进山林，敌人便开枪射击。乘着刚刚降临的夜雾，刘秋菊和林茂松也开枪还击，双方枪声密集，敌人不知道刘秋菊他们人数的多寡，不敢贸然冲锋。

刘秋菊感到寡不敌众，不能久战，于是跟林茂松商量后采取东打一阵、西打一通的策略，让敌人判断错误，互相火拼。

果然，他们向东边开火，敌人便速速向东边应战；他们往西边丢了两枚手榴弹，西面的敌人紧张起来，全线开火，枪声大作。两边的敌人渐渐向中间地带靠拢，竟然对打起来。刘秋菊和林茂松则在敌人对战之际，向枪声稀落的北面突围。而敌人却火拼到深夜才发现是自己人打自己人，懊恼地收兵。

1932年春节前夕，为了打击文昌县潭牛圩敌人的嚣张气焰，中共琼文县委决定突袭敌人，派出陈英为袭击小队队长，由刘秋菊当向导，并协助歼敌。小队仅十多人，一切按计划行事。

陈英和刘秋菊先派一名侦察兵挑着豆腐花在敌人炮楼附近叫卖，其余战士则乔装成挑米挑菜的赶集群众，三三五五地进入潭牛圩，他们靠拢过去买豆腐花，然后故意争吵，并动手打起架来。

刘秋菊赶来呵斥道：“不成体统，光天化日之下，在官府衙门前打架，去去去，到炮楼找长官理论去！”这句话是刘秋菊发出的行动信号。于是，这群“民众”你推我搡，向敌人的炮楼奔去，一窝蜂地冲上了炮楼。陈英一枪就击毙了敌人的乡长，刘秋菊也毙掉了文书和哨兵。战士们迅速背上敌人的枪支弹药，然后放火焚烧炮楼，胜利撤退。

敌人做梦都想不到，此次突袭的人员中，就有他们悬赏五千块大洋缉拿的刘秋菊。

1949 年 8 月刘秋菊逝世前同护士们的纪念留影照

琼崖女杰名播海外

刘秋菊对革命事业的热爱之心，超出常人的想象；她在日常工作中表现出来的朴实的农民本色，给身边的战友留下了深刻的印象。

尽管身居要职，但是交通联络、向导带路、挑水做饭和护理伤病这类事情，刘秋菊样样都做，从不计较职位高低和个人得失。

1942 年，丈夫林茂松牺牲后，刘秋菊的精神受到了沉重的打击，加上环境恶劣和战事频繁，她的身体越来越差，变得骨瘦如柴，脸色苍白。

当时，刘秋菊身边的战友都劝她找机会好好休息，珍重身体。但她表现得很镇静和理智，丧夫的伤痛并不能摧毁她坚定的革命毅力，她一如既往地为革命工作而操劳。

刘秋菊的名字不但在海南广为传颂，还远播到了海外。

抗战时期，新加坡《星洲日报》报道琼崖抗日消息时，曾写道："……其后尤以独立队冯白驹与刘秋菊二位，英勇卓越，在琼山、文昌、定安各地战役，建功殊大，留下不朽的荣誉。"

（本文选自《海南日报》）

新四军的姐妹们

口述/巴一熔　整理/秋　石

巴一熔

巴一熔，1917年8月15日出生于江苏镇江，1937年抗战全面爆发后赴延安遇阻转赴皖南新四军，1938年8月15日加入中国共产党，历任军部速记员、指导员及《顽强报》《战斗报》《浙东报》记者、编辑、主编。中华人民共和国成立后先后于华东局、华东文化部、妇联、浙江省委宣传部、省科委等处任职。1942年底与鲁迅的学生黄源结合，风雨同舟。2003年黄源逝世后，主持整理出版了《黄源先生纪念集》《黄源文集》（四卷本）、《黄源楼适夷通信集》（二卷本）等。

1937年，抗战全面爆发后，日军很快占领了沪宁一带。面对国民党军队的节节败退，年仅二十岁的我决定奔赴延安。未承想，去延安的道路已被国民党军队封锁。是武汉八路军办事处的负责人告诉我们，新四军已在皖南成立，也是共产党领导的。就这样，我和女友马惠芳、程瑞蒙一起，背起背包，经过长途跋涉，在1938年的春夏之交抵达了安徽崖寺。新四军办事处主任宋裕和同志热情接待了我们。次日，他安排我们随同三位大姐，即邱一涵（地下党员、军政治部主任袁国平爱人）、王仪（军部秘书长李一氓爱人）、何之友（曾任红军女连长、军参谋长爱人），坐竹排从太平到了马岭坑。在马岭坑，短暂休息后，经姬鹏飞主任的安排，我们穿上草鞋冒雨攀越二十里左右的茂林山，于黄昏时分赶到了位于泾县云岭的军政治部。军政治部副主任邓子恢同志亲切地接待了我们，并安排小警卫员送我们到军部服务团。第二天我们就穿上了缀有新四军标志的灰布军装。

章蕴大姐介绍我入党

服务团有好几百人，规模最大的是民运队，分布在云岭附近四乡八村做宣传组织工作。我和李幼兰、马惠芳、田淑芳等分配在章家渡。民运工作由邓子恢同志直接领导。我们和村民们同吃同住，几个月后，各种抗敌协会成立了起来，我进步也很快。1938年8月，服务团党支部书记章蕴同志（中华人民共和国成立后先后任全国妇联领导、中纪委副书记等职）来介绍我入党。当时，我竟幼稚地对她说："我不是已经加入了吗？"章蕴大姐听后哈哈大笑，说："好同志，参加新四军不等于参加共产党。不错，新四军是共产党领导的人民军队，但并不是每一个人都是共产党员。"经大姐这么一说，我当即表示说我早就想加入共产党了。就这样，经章蕴大姐的亲自介绍，在我二十一岁生日那天——1938年8月15日，也就是我来到新四军的三个月后，光荣地加入了中国共产党。在以后的岁月中，我还多次在章蕴大姐领导下工作。

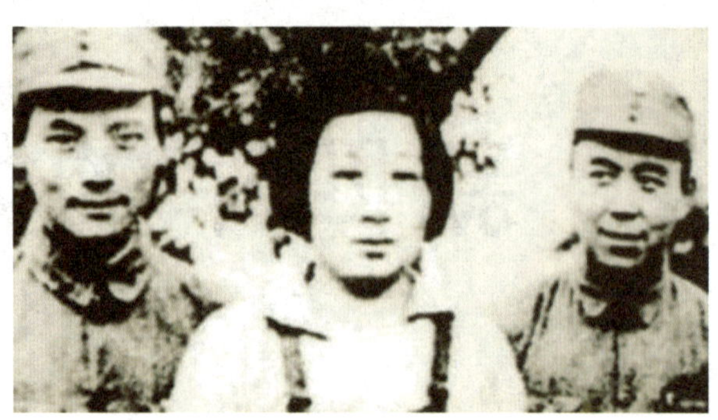
章蕴与战友合影

章蕴大姐生于1905年，1925年入党，1927年和地下党负责人李耘生结婚。五年后，时任南京特委书记的李耘生遭叛徒出卖，被国民党杀害在雨花台。此后数十年，章蕴大姐将自己的一生献给了党和革命事业。记得她担任苏中二地委书记时，在主力部队转移后，她领着地方武装和日伪周旋。一次，她被日军追至一条河边，不会游泳的她竟然纵身跃入河中，硬是用狗爬式泅过了河，一时在根据地里传为美谈。

李珉牺牲前一言九鼎

1938年的夏天，我们民运大队迎来了一批来自上海的抗日青年，其中有一位高个大眼、活泼好动的姑娘，她叫李珉，原先是个护士。在民运队，李珉十分勤快，时常利用自己掌握的医疗知识为大家服务，她还为大家做豆浆，改善生活。1940年春，陈毅在江南溧阳水西村建立了江南指挥部。军部决定，将服务团的一部分调往陈毅处开展群众工作，上海来的李珉同志也在其中。由于距离前方流动医院远，除了民运工作之外，李珉承揽了队员们小伤小病的治疗工作，同志们都很欢迎她。两个多月后，陈毅发现日、顽军准备夹击我军，决定北撤。一天清晨，当服务团走过一座石头桥时，突然枪声四起，原来日军发现了我们的队伍。护送服务团的警卫连迅速投入战斗，并击退了敌人。经清点，服务团有多名同志负伤，而李珉伤势最重，她被击中了胸口。同志们用毛巾堵住了伤口，并欲将她抬往二十里外的流动医院。但李珉坚决不让，说："你们快走，不要管我！"后来，流动医院在老百姓家中找到她时，她因失血过多，已处在了弥留状态。外科主任崔义田（中华人民共和国成立后曾任卫生部副部长）惋惜地说："本来还可以做手术，但因伤在胸口，前方又无法输血……"大家泪流满面地围着她，眼睁睁地看着死神向心爱的战友一步步逼近而束手无策。突然间，李珉睁开了眼睛对大家说道："同志们，战士

流血不流泪！”她艰难地掏出了衣袋里的余钱，在奋力地喊了一声“余晶”之后便永远停止了呼吸。原来李珉已经递交了入党申请书，而余晶是服务团的支部书记。牺牲时，李珉才二十一岁，被埋在了江南大地上。陈毅同志获知李珉的壮烈遗言后，沉痛赋诗一首：

革命流血不流泪，
生死寻常无怨尤；
碧血长江流不尽，
一言九鼎重千秋。

李珉牺牲后被追认为中国共产党党员，她的遗骸如今葬在茅山烈士陵园内。

和张茜一起战斗

我和张茜同志早在皖南军部时就认识。当时我在民运队，她在戏剧队。戏剧队经常自编自演抗战剧，张茜同志参与演出了《送郎上前线》《放下你的鞭子》《魔窟》等活报剧。在其中的一出剧中，她饰演剧中的女角名叫“小白菜”，以至于后来大家都亲切地管她叫“小白菜”。

皖南事变前夕，经组织照顾，患有肺结核病的我到了新四军苏北指挥部，政治部主任钟期光亲自接待了我，并安排我和张茜同志编《战斗报》。那时，她和陈毅结婚不久，但很少有人知道。战争期间，领导人生活十分简朴，尽管行军有马，但陈毅同志经常步行。他们结婚时也没有举行什么仪式，只有几位领导同志凑在一起喝了一点酒，加了两个菜，因而，下级大多不知道。我和张茜住在后勤部分配的一间小屋内，两块门板搭两张床，外加一张小方桌。稿件是部队各级宣传科送来的，遇有重大事件我俩也下连队采访。油印的《战斗报》三天出一次。1940 年 10 月初，国民党韩德勤调动大批兵力围堵新四军，陈毅指挥粟裕、叶飞、陶勇等部队奋力反击，根据地老百姓全力支援……我和张茜在编报之余也到前线送烧饼、送水给指战员。战斗在指挥部驻地附近的黄桥打响，战斗打了一天多，我军大胜。为此，新四军作曲家沈亚威还专门写了一首《黄桥烧饼歌》，在根据地传唱了好长时间。此次反击，新四军不但缴获了许多枪炮弹药，还缴获了一个印刷厂。喜出望外的钟期光主任对我说：“敌人天天骂我们，我们正愁没有得力的发言工具，现在可好，缴来一个印刷厂，我们可以大显身手了！”随后，他当即任命我为印刷厂的指导员。就这样，我告别了朝夕相处了一个来月的张茜同志，走上了新的岗位。

长征女英雄谢飞令人敬佩

1942 年 2 月，中央在浙东四明山地区开辟了第十九块抗日民主根据地。次年 1 月，我和黄源、江岚等八十余名军部干部一起迎风冒雪，步行月余，最后从上海吴淞口夜渡杭州湾，来到了四明山根据地。浙东区党委书记、浙东纵队政委谭启龙同志，以及何克希、张文碧等领导同志接待了我们。到浙东后，黄源去鲁迅艺术学院，谭启龙则分配我和刘少奇前夫人、长征女英雄谢飞一起，共同负责一个培训县、区两级党委党员干部的学习班。谢飞同志担任学习班主任，我任政治指导员兼支书。党训班的主要课程有中共党史、联共党史、群众工作、时事报告、共产党员修养等。由于谢飞在中央党校学习过，就负责讲授党史。其余课程则由政委谭启龙、司令员何克希及其他领导同志担任。实际上，党训班工作人员除谢飞和我外，还

战争年代的谢飞

有一名管理员协助工作。后来由于形势紧张，战斗频繁，上级又派来一位专讲军事的徐队长。党训班每期三个月，培训六十人。到 1943 年冬，敌伪顽对四明山开展“大扫荡”，党训班就完成了它的历史使命。在我的记忆中，当时的谢飞三十岁左右，显得年轻、漂亮。她工作作风既泼辣而又朴素。每天清晨，她和学员们一同上操，晚上参加学员们的讨论，关系十分融洽。同志们听说她参加过二万五千里长征，都很敬佩她，常常请她讲长征故事，她也很高兴为大家讲她参加革命的经历和长征中发生的一些事。不仅如此，她还颇有战斗经验和指挥才能。1943 年冬党训班甫一结束，她调慈北任县委书记，不止一次指挥县大队打击日伪顽的战斗，而且屡战屡胜，在浙东一带声望甚高。

不屑权贵投身革命的郁文

1944 年，是抗日战争最为艰苦的年头，在浙东慈溪，一位不足二十岁的年轻姑娘，对在蒋介石身边做着亲信高官的舅舅陈布雷不屑一顾，毅然决然投奔了四明山的新四军，把自己的一生献给了中国共产党领导的人民革命事业。她，就是郁文同志。

进入四明山后，郁文在黄源任院长的浙东鲁迅艺术学院做了一名睡地铺，吃地瓜、六谷和老咸菜的学员。不但生活清苦，而且随着敌情的变化，学员们还要日夜行军。这一切，昔日的富家姑娘全部挺了过来，而且还从不叫苦，样样走在前面。郁文的突出表现被院长黄源看在了眼里。因此，从鲁艺毕业后，黄源亲自做她的入党介绍人（由于她的社会关系，一般人不敢也没有能力做她的入党介绍人）。成为共产党员后，郁文工作更加积极了，她不止一次要求下基层连队工作，但黄源没有批准，他要发挥郁文更大的作用。他先是选拔她担任副指导员给她锻炼机会。1945 年秋，日军投降后，党中央命令浙东新四军北撤苏北。就在这时，经过反复考虑的黄源向谭启龙书记提出，让郁文去上海从事地下工作，而且专门到上海的高校给师生做党的宣传工作。浙东区党委采纳了黄源的建议，并通过地下通道将郁文介绍给上海的地下党领导。后来，凭着对党的忠诚和自身的有利条件，郁文在上海高校中发展了不少共产党员，对反对蒋介石进攻解放区争取知识分子起到了很好的作用。1949 年 5 月上海解放，黄源率领华东大学五百名学员跟着陈毅大军进入上海，此时已经公开了身份的郁文赶到军管会文艺处看望老师。其时，乔石同志正在上海做共青团的负责工作，郁文与他相爱结为伴侣。大区撤销后，夫妇俩一同奉调入京工作。

（本文选自《新民日报》）

铁流巾帼的红色之旅

文 / 吴志菲

张　文

红军队伍从此就是小佣工的“家”

1919 年 6 月，张文出生在四川省通江县洪口镇一个贫苦的农民家庭，当时的名字叫张熙泽。为减轻家里的负担，年仅九岁的张文就不得不去给地主家带孩子，当小佣人，整天挨打受骂。

1932 年 12 月，张文的苦难日子终于熬出了头。中国工农红军第四方面军来到川北，创建了川陕革命根据地。张文惊奇地发现，洪口街上那些平日里作威作福的地主老财跑得无影无踪，红旗第一次飘扬在大巴山上。

当时，驻扎在洪口镇街上的是红四方面军第十师。二十八团团部住进了张文家。团长一有空就给张文的父母讲革命道理，张文有时也凑近去听。渐渐地，这些革命道理就像春雨，滋润着张文求知若渴的心田，“参加红军、参加革命”的念头始终盘旋在张文的脑海中。1933 年 2 月，张文和二哥张熙汉先后背着家人参加了红军，兄妹俩都被分配在红四方面军第四军供给部的被服厂工作。

别看那时的张文年纪小，身材单薄，但她心灵手巧，做针线活又快又好，又不怕吃苦，每天做完自己的定额，就去帮助动作慢的战友。她还特别爱唱家乡的民歌，被战友们称为“那个爱唱歌的姑娘”。

在革命的大家庭里，张文生活得十分充实、愉快。由于工作积极，表现出色，张文当上了女兵班班长。1936 年 2 月，张文光荣地加入了中国共产党。

几次险遇，真实映照残酷而传奇的长征

张文谈到长征，就有说不完的话。她说：“我永远也忘不了长征路上的大哥大姐们，他们中许多人在行军、战斗中倒下了！”1935 年 1 月，红四方面军开始西撤，3 月下旬，在连续进行了广（元）昭（化）、陕南和强渡嘉陵江战役后，开始长征。

一天夜晚，下着毛毛细雨，红军被服厂的战士们背着设备、物资，从通江向巴中清江渡行军。张文背了一篓马尾手榴弹，五十多斤的重量把她的肩膀压得又红又肿。山上的羊肠小道又窄又滑，加上天黑飘雨，人又困乏，行军更为艰难，稍不留神便会掉下山涧，粉身碎骨。

张文和战友们一边在山路上小心行军，一边互相提醒：“当心路滑！”“尽量靠山梁走！”一不提防，张文的左脚踩在一块松动的石头上，“扑通”一声连人带篓滚下山坡，一下子摔得晕了过去。排长刘文芝带着两名女战士，拉着树枝小心翼翼地爬下山坡，边爬边呼喊张文的名字。迷迷糊糊中听到呼喊自己的声音，张文慢慢苏醒了过来，只觉得脸上火辣辣的，浑身上下疼痛难忍。仔细打量周围，张文不由得倒吸了一口冷气，自己恰好被一棵大树卡住了，下面就是黑黝黝的万丈深渊。如果没有那棵大树，张文早就滚到深涧里去了。战友们都说她的命大。

红军强渡嘉陵江后，由于连续长途行军，饥寒交迫，张文患了肺病，身体极度虚弱，脚肿得穿不上鞋子，每迈一步都疼痛难忍，但行军的脚步却不能停下。战友们争相为她背背包、背线团，她肩上只剩下了一个盛水用的铁桶。

一天，张文和战友们行军到一个小山坡，不远处的几间破草房里，竟隐蔽着一股国民党军的散兵。敌人一边朝红军开枪射击，一边兵分两路包抄，还狂叫着：“投降吧，你们跑不了啦！”张文和战友们手中没有武器，不能与敌人硬拼，只能拼命冲出敌人的包围圈。尽管大家身上都有几十斤、上百斤的负重，还是勇敢地冲杀出一条血路。

当时，张文跑得上气不接下气，只觉得天旋地转，两眼直冒金星，敌人的子弹“嗖、嗖”地从她身边掠过，可她脑海里只有一个念头：宁死也不当俘虏！她一个劲地拼命奔跑，竟奇迹般地摆脱了敌人，赶上了大部队。一到宿营地，张文就瘫倒了，趴在地上大口大口地喘粗气。战友们都围了上来，帮她卸下还背在背上的那只铁桶。“好险啊！”一个战友惊叫起来，大家马上都围了过来。原来，张文背的铁桶上被敌人的子弹打了五个窟窿。张文不禁在心里暗自庆幸：是这只铁桶救了自己的命啊！

穿越松潘草地的时候，张文遭遇了第三次险情。由于张国焘的错误路线影响，张文所在部队已经往返两次经过草地，现在准备第三次过草地。经过几天准备，张文和战友们每人背着布匹和线捆、十五斤青稞和一捆干柴，第三次进入了草地。在一望无垠的草地沼泽，饥饿与寒冷像两个恶魔，紧紧纠缠着长途行军的红军将士。很快，张文和战友们随身带的粮食都吃完了，勒紧裤腰带也

松潘大草地

不顶事，许多同志因饥饿而病倒累垮。

有一天，张文在草丛里捡到一个生牛蹄子，可是草地上湿漉漉的，可以取火的燃料实在稀少，饿得不行的张文将生牛蹄用茶缸随便煮煮就吞下了肚子。这只牛蹄可能没煮熟，也可能早就变质，害得张文闹起了肚子，发烧、腹泻。红军队伍中药品奇缺，没有药医治，腹泻使张文几乎虚脱。可即使这样也不能不行军，张文只能一边忍着腹痛，一边拖着两条像灌了铅的双腿向前走着。

当时，部队有要求，不能丢下任何一个伤病员！战友们每天一到宿营地，就先把水烧好，等张文到了营地就帮她洗脚解乏。凭借红军战士的坚强信念和毅力及战友的搀扶相助，张文紧紧跟着部队，终于走出了那一片神秘莫测的草地。

追忆往昔，张文激动地说："长征路上，红军战士们团结一致、生死与共，表现出革命理想高于天的坚定信念和不畏艰难困苦的革命乐观主义精神。这种精神是我们中华民族的宝贵财富，应该教育子孙后代永远学习和继承这种精神。"

简单的"终身大事"与一言难尽的硝烟岁月

作为女性，张文和姐妹们在长征路上尝过的艰辛，无法用语言形容。回忆长征路途，张文动情地说："当时，我们既没有前方支援，也没有后勤保障，就靠着坚定的革命信念——不前进就没有出路，我们女同志空着肚子跟在男同志后边走过草地，硬是没有掉队。"

在红军的三大主力中，红四方面军的女红军人数最多，达到一千八百名之多。长征中，张文所在的红四方面军第四军供给部被服厂女战士共有六个班，一百多人，走到八里铺时，只剩下了两个班，很多女战士牺牲时连名字都没有留下。

"女同志随部队行军作战要克服比男同志更多的困难。"张文说，"但在吃苦耐劳方面，女同志绝不亚于男同志。"她告诉记者，女红军们行军途中什么都干过，背粮食、抬担架，给伤病员喂水喂饭、洗衣服……

男大当婚，女大当嫁。军营儿女的情感更加坚定，更加纯洁。长征路上，张文和洪学智喜结良缘。1936 年 5 月 30 日，红四军在雅砻江畔召开运动会，主持人搞突然袭击，点名叫供给部女兵班唱歌，班长张文带着女兵列队走上主席台，领唱了《打骑兵歌》和《捉活牛歌》。她不知道这时自己已经被时任红四军政治部主任的洪学智"盯"上了。第二天，在洪学智的办公室，洪学智与张文第一次谈话后就定下了终身大事。6 月 1 日晚上，张文和洪学智在军政治部办公室举办了简朴热闹的婚礼。婚前的恋爱过程省略了，婚礼也是简之又简，但战争年代结下的姻缘经过血与火的考验，坚不可摧，历久弥深。

张文先后生育了八个儿女，其中有四个是出生在战争年代，最让她难忘的是当年迫不得已将大女儿送人的情景。

1939年7月，张文与洪学智的大女儿醒华出生了。不久，张文抱着女儿，随洪学智所在的延安抗日军政大学第四大队，前往华北地区开办抗大分校。转移途中必须穿越日军封锁线，带着孩子行军非常不方便，时任抗大校长的罗瑞卿以及洪学智都多次跟张文做工作，劝她把女儿送给老百姓。可是，一个母亲怎么舍得扔下自己的亲骨肉呢？洪学智见张文态度坚决，也不好再说什么。

穿越日军的封锁线前，罗瑞卿动员所有带孩子的女同志要绝对保证孩子不哭不闹，不暴露目标。离封锁线越近，张文的心绷得越紧，她背着女儿，几乎是一溜小跑地跟随部队急行军。突然，奔跑中的张文被一块石头绊了一个趔趄，女儿哇的一声哭了。紧张的张文一边哄女儿，一边向前跑。正指挥部队前进的洪学智，听到孩子哭声后找到张文，严肃地说："把孩子留下吧！"张文一愣，继而着急地对丈夫说："你……你怎么忍心？"洪学智没有吭声。

最终，含着泪，张文慢慢把背上的女儿解下，交给了丈夫。她紧紧跟在丈夫身后，找到附近一户农家，把女儿连同五块银圆一起交给了老乡。黑暗中，张文努力牢记女儿身上的特征，细细辨认周围的地貌地形，并问清了地名。

第二天清晨，部队顺利穿过日军封锁线。在老乡家休息时，张文忽然发现，女儿的一块尿布还搭在丈夫骑的马背上，睹物伤情，她不禁又哭了。党支部一个外号叫"马克思"的老红军给张文做思想工作："别难过了，以后全国解放了，再回来找孩子吧。"后来，直到中华人民共和国成立后，这个离散了十二年的女儿才回到张文的身边。

（本文选自中国共产党新闻网）

张文和洪学智

王涛英——长眠在朝鲜土地上的延安女儿

文/冯荣华　李凡民　王秀英　高耶夫　李　骏

在朝鲜民主主义人民共和国首都平壤郊区一个风景如画的山坡上，有一个中国人民志愿军烈士陵园。王涛英这位延安人民的好女儿，我们延安中学的校友、志愿军野战医院的女军医，长眠于此地。岁月如流，朝鲜人民每年祭奠她，祖国亲人一时一刻也没把她忘记。

王涛英，1928年12月出生于河南省内黄县绍三村。在她不到一岁的时候，她的家乡闹灾荒，一家人随着逃难的人流，由父亲挑着她和弟弟，离乡背井，颠沛流离，历尽了艰辛，终于在陕西延安县的桥儿沟落下了脚。

王涛英六岁的时候，母亲因积劳成疾，与世长辞。失去母亲的家庭就像没有梁柱的房子似的，日子一天比一天更难熬了。父亲被迫卖掉了她的弟弟，离家谋生（后参加了八路军）。临行前，他把小涛英送给了一个有钱人家。走时，父亲流着泪说："孩子，你要是有个好歹，我怎么对得起你死去的妈妈。还是找个能吃饱肚子的地方去吧！"没料到，到了有钱人家里后，她受的气，吃的苦，比在家挨饿受冻还要难以忍受。

有一次，涛英的大妈把她接回家来，看到她脸上、身上挨打留下的伤痕，再也不忍心把她送回火坑里去了。大妈带着她和自己的两个女儿，吃糠咽菜都难以果腹。

延安解放后，王涛英到延安鲁迅艺术学院幼儿园当保育员，那时她才十一岁。后来又到一位革命同志家里照看小孩。由于她工作积极，学习努力，组织上送她到延安小学读书。1945年她便考进了延安中学，编入九班学习。

她在党团组织的培养教育下，思想进步很快。不久，她加入了延安中学毛泽东青年团。1946年，十八岁的王涛英加入了中国共产党。她时刻严格要求自己。不管是学习文化，还是生产劳动、打扫卫生，处处走在同学前头。同学们劳动了一天，疲劳得不想动弹，她却从山下把一盆盆热水端到同学们面前，让她（他）们洗脸洗脚。她经常帮助小同学和男同学缝补和拆洗被褥，受到老师和班里的表扬。

1947年初，由于战争的需要，边区政府下令将延安中学改编为西北人民解放军第四野战医院。王涛英也被分配到医院，做护士工作。她工作依然积极负责。做伤病员的护理工作，她不怕脏、不怕累，学习医疗技术也进步很快。不久她便被提升为护士长。后来，医院成立了医生训练队，她被任命为医训队的副队长。医训队确是名副其实地在枪林弹雨中成长起来的。经过一段时间的医疗技术的学习，掌握了理论知识和实践技术的王涛英成为一位年轻的女军医。

尽管战争环境生活艰苦，但同志们还是非常乐观。当时的口号是——一切为了解放战争的胜利！野战医院一边收转前方伤员，一边跟随野战军在前方转战抢救伤员。同时，医院还组织了文艺宣传队，利用战争的空隙排练歌舞节目，为战斗部队、为伤员、为当地的老百姓演出。涛英也参加了宣传队，并且是一位活跃分子。她经常扮演剧中的重要角色，也经常扮演别人不愿扮演的老太婆。她扮演的秧歌剧《兄妹开荒》里的妹妹，尤其受到欢迎。

艰苦的三年解放战争迎来了黎明。中华人民共和国成立后，王涛英和一位陕北籍的青年军人在野战医院驻地陕西临潼华清池畔结了婚，建立了他们的幸福家庭。

轰轰烈烈的抗美援朝、保家卫国运动开始了！中国人民志愿军带着祖国人民的重托，一批批地跨过鸭绿江，支援朝鲜人民的反侵略战争。王涛英所在的医院和她的丈夫都赴朝参战。她因即将临产而不得不临时留在国内。但王涛英急切地想参加战斗。产期刚满，她就把刚出生两个月的女儿托付给在陕北绥德县的婆婆。就在她回婆家的时候，请来摄影师，为她的公公、婆婆拍下了他们

王涛英

一生中仅有的一张照片，为她和爱人留下了珍贵的纪念。她还为当地的老百姓治病，至今那里的老乡还怀念她。孩子安排好以后，王涛英立即向组织提出参加抗美援朝的申请。她说，战友们都在前方流血牺牲，我怎能待在后方呢！领导看到她态度如此坚决，便批准了她的请求。

朝鲜战场战斗激烈，伤员多，医生少。王涛英和她的战友们每天都在争分夺秒地抢救伤员。由于条件差，有些伤员的伤口已经溃烂，甚至生了蛆；有的伤员全身数十处伤口；有的昏迷不醒；有的周身瘫痪，大小便不能自理。她含着泪水，轻轻地把蛆一条条掏出来，她亲自为重伤员接屎把尿。重伤员不能吃饭，她就用小勺一口一口地喂。为了尽快地给伤员开刀治疗，她和战友们有时一天一夜不离开手术室。常常是敌机在

头顶上扫射，炸弹在地面上爆炸，她们置生死于不顾，为伤员同志取出了无数的弹片和弹头。伤员多的时候，一天顾不上吃饭。

当时同志们的口头语是：“死了算，活着拼命干。”是的，在那种残酷的战争环境里，随时随地都有可能牺牲。因此，大家不约而同地在自己的上衣口袋里装上一张纸条或纸片，上面写着本人的姓名、是哪省哪县人、年龄、部队番号，万一牺牲了，能在墓前立一个小木牌。

在朝鲜前线，她的爱人问她：“苦不苦？想不想孩子？”她说：“这里虽然苦，也算不了什么！我当然爱我的女儿，但我看到朝鲜儿童遭到屠杀时，我觉得我要为保卫朝鲜儿童而战斗，也是为了保卫我们自己祖国孩子的安全。越是想女儿，我越是要努力工作和战斗！”她还告诉丈夫，在她出国前路过北京时，大姐在北京第二医院给她联系了一个条件很好的工作，希望她留在北京工作。她笑了笑，说：“我谢绝了大姐。我决心和战友们在朝鲜并肩战斗！”她在一封家信中写道：“为了下一代的幸福生活，为了千千万万个家庭的团聚，我愿献出自己的一切！”

王涛英同志入朝一年多，多次立功受奖。中国政府曾授予她一枚“人民功臣”奖章。我们同学相聚时每当提起王涛英，都说她是我们延安中学的骄傲，是一位可敬可佩的校友。

由于陕北生活条件很艰苦，王涛英的女儿还不到一岁就不幸夭折了。丈夫怕她伤心，影响工作，一直没有把这噩耗告诉她。直到王涛英同志牺牲以后，整理她的日记时，才发现她当时早已知道了，但她也从来没有提及。然而，出于母亲的天性，她在日记里多次抒发了对孩子的思念和悲痛。她常常背着爱人，背着同志偷偷地流泪。事后，她的爱人回忆，有一次曾看到王涛英在河边痛哭，他以为她想家，想孩子。其实，那可能就是她发现了爱人藏在枕头下面那封写有噩耗的家信。王涛英和爱人不在一个部队工作。1952 年 10 月 11 日，她在给爱人的一封信中写道：“我这次到朝鲜来，是作了牺牲准备的！我如果牺牲了，您不要悲伤，希望能把我的尸体送回祖国！如果不幸您牺牲了，我会妥善地照顾您的一切，望您放心好了。”读着这封催人泪下的信，她的爱人不相信会发生这样的不测。他盼望的是早日胜利地回到祖国，夫妻团聚。说来也太奇怪了，她寄出的那最后一封信中，落款恰巧写的是“10 月 16 日”。10 月 16 日，是王涛英爱人收到她那封信的第五天，也是最可怕的一天。就在这天夜晚，王涛英所在的部队遭到敌机的轰炸。敌机疯狂地将几百颗炸弹投向事先测量好的目的地，将房屋和人一起翻上天空，在两三丈的高空悬垂、下落，将房屋和人全部摔毁。王涛英就这样被掀到半空中，又落下来，她壮烈牺牲了。

轰炸发生以后，王涛英的爱人和延中的几位同学一起赶到现场抢救伤员，大家喊着口号，在废墟中扒人、救人。两个小时后，他们才发现王涛英不在了。队长冯志歧拉着她爱人，在山坡上兜圈子，说：“王医生在这……在这儿……在这儿……”边念叨，边找，边跑。二十多分钟后，才把他领到王涛英牺牲的地方。其实这仅用几分钟就可以走到了。队长是怕王涛英的爱人承受不了这个打击，故意拖延时间的。她的爱人又激动

抗美援朝战场上，一名医护人员在炮火中救护伤员

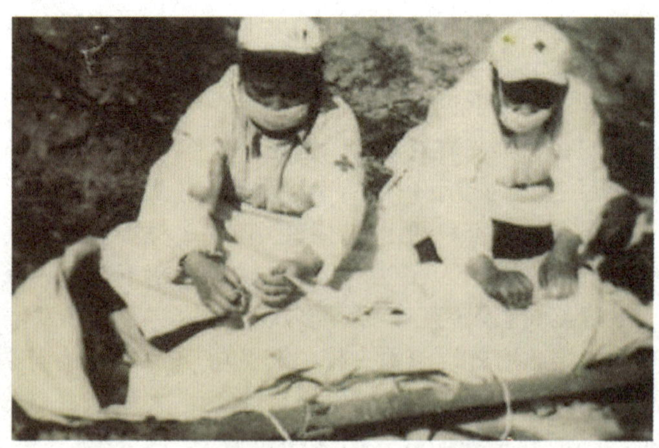

抗美援朝中的医护女战士们

又悲痛地跑到王涛英面前，这时王涛英的身上还热着。他赶忙去叫李凡民。李凡民赶到以后，一把推开他，说："你离开这，王医生的事由我们负责！"几个人把王涛英抬到她原来的住处。房子没有塌，床上落了厚厚的一层土。她爱人为她抖落了浮土，把她放在床上。在这废墟中仅有的一间小屋中，王涛英的爱人陪伴着他心爱的妻子度过了最后的一夜。

第二天，延中的同学纷纷赶来了，还有人为王涛英拍了遗像。也许是由于异常的悲痛，也因为战地无法保留遗物，王涛英的爱人点燃了一把火，烧尽了王涛英的东西。在战场上，每时每刻都有可能死人，所以人们早已经没有眼泪，很少再哭了。

第三天，刘力学来了，抱住王涛英的爱人大哭。王涛英的爱人好像才被摇醒，一阵哭声响起，再也停不住了。他想起王涛英就流泪，对亲人的依恋，对烈士的怀念，对敌人的仇恨统统汇入奔腾的泪水中直泻而下。

王涛英的爱人在她生前曾答应，如果她牺牲了，要妥善处理她的后事。他为她找了一个向阳的高坡，冯荣华找人用五寸厚的松木做了一具棺材。大家把暂时停放在防空洞中的王涛英的尸体重新入殓，在棺木中撒下许多酒和药品，并放入她生前喜欢的衣物，将她掩埋了。

王涛英牺牲时年仅二十三岁。为了尊重朝鲜民主主义人民共和国政府和人民的愿望，王涛英没有回来，她和许多志愿军烈士一起埋葬在他们为之献身的国土上。

王涛英同志在战火中获得了永恒的青春。她永远拥有二十三岁的青春年华！她是延安人民的好女儿，是中国人民的好女儿，也是朝鲜人民的好女儿，人民是永远不会忘记她的。

（本文选自中国青年出版社出版的《延河儿女》）

渡江战役中的巾帼英雄

文 / 黄修国

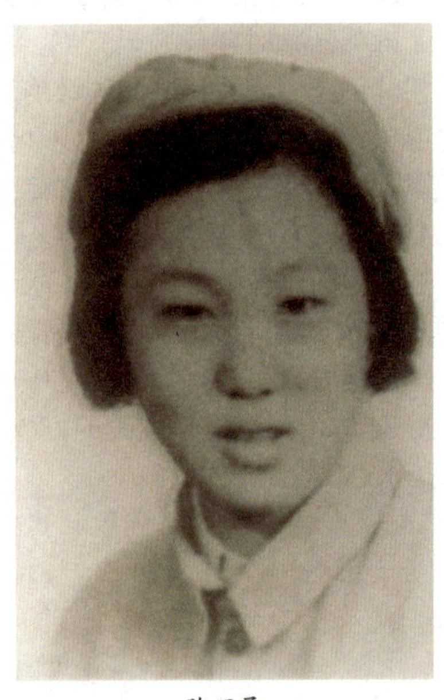

陈不柔

柔弱的女性与残酷的战争似乎无法相容，可是，在渡江战役中，就涌现了一批巾帼英雄。

父亲的精神照耀我一生

“为革命而生，英名永在，为革命而死，浩气长存。”这是1982年胡乔木为陈处泰题的词。陈不柔说：“父亲惨遭国民党反动派杀害那年，我才五岁。”对于父亲的记忆都是妈妈、舅舅及父亲的好友告诉她的。

1935年2月，上海党组织遭到第六次大破坏，田汉、阳翰笙等三十六人被捕。危难之际，陈处泰接任了上海“社联”党团书记。6月，因为红军长征，各地党组织与中央苏区失去联系。我党在上海的白区文化工作委员会所属各个联盟的党团负责人自行集会，选举成立了新的“文委”，陈处泰成为领导成员。不久“中国左翼文化总同盟”也重新组织，陈处泰被选为党团书记。同年11月16日，他在探望“刺汪”志士孙凤鸣妻子时被捕。国民党获知他是“共产要员”后，对其严刑逼供，他始终坚贞不屈，守口如瓶。数月后，在上海至南京的囚车上，陈处泰见到此案的一些人，他低声似自语又似暗示地说：“两腿已被打断，但我什么都没有讲！”他以自己的血肉之躯维护了党的利益，使组织没有受到任何损失。八一三事变后，国民党把陈处泰残杀于南京雨花台，并毁尸灭迹。那年陈处泰才二十七岁。陈不柔回忆起这件事情，眼里仍闪烁着泪花。

陈不柔说：“时间的流逝并没有使人们忘却这位昔日的年轻英烈，父亲的英勇精神更是鼓舞了无数前赴后继的爱国人士，其中也包括了我和我的弟弟。父亲给我和弟弟取名为陈不柔和陈不让，本意就是要我们做一个坚强的、勇于维护正义的人。”

她是一名新四军文艺战士

为了继承父亲的遗志，1947 年，陈不柔从淮阴抗大附中跑出来和弟弟一起参加了新四军，那年她十五岁。陈不柔和弟弟当时被分到苏中区二分区文工团，成为一名战地宣传员。陈不柔有一张当年穿军装的照片，照片里陈不柔一脸笑意，看上去还是个年轻稚嫩的姑娘。“那时他们都叫我‘小鬼’，当时很瘦小，发给我的军装，袖子都快拖到地上了，像戏服一样。”说到这里，陈不柔笑了，那笑声仿佛使她回到了那个战火纷飞的年代。

陈不柔所在的文工团同样也要参加战斗，有四个队友先后在战斗中光荣负伤，当时陈不柔特别希望自己也能扛枪上战场。后来出于保护青年知识分子，军分区下达了命令，文工团战士不再下到一线连队直接参战。淮海战役期间，陈不柔随苏中军区二分区四团、六团，作为主力部队的后援力量，在高邮的范水一带以及周边地区阻击溃退的敌人。同时，他们还肩负做好俘虏的接收登记、审查工作和对战斗伤员的慰问、医疗服务工作。

有一次，陈不柔和战友一起去战地医院，看到从前线送回来的战友都是血淋淋的，有的手炸断了，有的腿炸没了……陈不柔看到每个战士都很坚强，没有一个掉眼泪，没有一个闹情绪的，伤员们都很乐观。这情景给陈不柔巨大的感动，也让她变得更坚强。野战医院，硝烟阴霾，清脆悠扬的歌声宛如暖阳吹开云烟，轻抚着生命的嫩绿……这是生命的赞歌，也是一种不屈的壮美。

除了要做好战地宣传的工作，陈不柔和战友们还要奔走于群众中间，动员群众参加革命。文工团没有固定的工作时间，到一个地方就宣传一个地方，只要是开展宣传和工作的好机会，他们就会积极占领阵地。当时条件比较艰苦，有一张桌子就可以表演快板，毛竹和木板搭建的台子就是大型剧目的舞台，没有服装道具就自己动手制作，为了排演《李闯王》剧目，他们还向庙里的泥菩萨“借”过衣服。

陈处泰

1949 年初，兴化和扬州相继解放，文工团立即走进群众开始革命宣传，《兄妹开荒》《老母猪还乡记》等一大批自编自演的节目在当地群众中流传开来。为配合土改，陈不柔和战友们排演了大型现代剧《白毛女》，用《黄河大合唱》来鼓舞战地群众的革命斗志，用《李闯王》提高广大党员干部的警觉性。当时从苏南、上海、浙江等地过来的知识青年都积极报名参加革命队伍，文工团的规模也从三十多人扩充到六十多人，之后人数还在不断增加。那一年，陈不柔任文工团小组组长。

我征服了长江天堑胜利渡江

在陈不柔的记忆中，最深刻的还是渡江战役前后的那段日子。

1949年4月，文工团被一分为二，新老团员搭配，开始做渡江准备。当时，驻扎在江北的国民党正规部队已撤离，仍有少数地方保安部队存留。在渡江之前，陈不柔所在的部队在扬州地区的施家桥一带与一支国民党保安部队遭遇并发生激战，战斗持续了一天多。敌军有很多人做了俘虏，战斗结束后，我方贯彻党的优待俘虏政策，向俘虏们宣传革命道理，对愿意回家的俘虏发给路费予以遣散。陈不柔记得当时有一个国民党营长非常顽固，并扬言："你们肯定过不了江的！如果过得了，我就跟着你们干！"这个国民党营长也太小看我们解放军了。当时还有些国民党仍顽固不化，还以为我们小米加步枪难敌他们的美式装备，可没过几个小时，我方就胜利渡江了。

23日上午10时多，部队分两路赶往六圩渡口和瓜洲渡口准备渡江。陈不柔这一路是在六圩，从扬州到六圩码头有将近二十里路，急行军两个小时后到达码头。陈不柔记得当时看到江边停放着几十条木船和几艘快艇，木船大部分是由当地老百姓支援部队的，快艇是缴获的战利品，几十条木船排在江边，在浩浩荡荡的长江江面的映衬下，场面显得十分壮观。想到就要渡过长江天堑，向解放全中国的目标进军时，大家都抑制不住内心的激动。

司令部作战营、警卫营战士组成的先头部队乘快艇，其余人员乘坐木船由支前百姓摇橹过江。渡江过程中，在江面上并未受到敌方阻击，但空中仍有敌机盘旋，江面溅起冲天水柱，木船经不起巨浪的冲击开始猛烈摇晃，支前百姓个个都是摇橹高手，小木船依然锁定对岸快速前进，危险随时会降临，但丝毫没有动摇我们前进的决心。随着对岸目标越来越清晰，胜利也离我们越来越近，夜幕降临时分，部队胜利地抵达镇江，当时看到江岸上已是一片灯火通明。

在镇江上岸后，为了贯彻我军"三大纪律八项注意"的军规，不准打扰当地老百姓，战士们原地坐在码头上待命，等待先头部队去国民党江苏省党部清理档案，排除危险物品。陈不柔记得当时大家都靠在自己的背包上休息，包里装着2.5斤重的被子和一小袋米，经过大半天的行军、渡江，大家滴水未进，但都不觉得饿。等到凌晨两三时，部队接到命令，可以进驻国民党省党部了。战士们步行来到国民党省党部，随后吃饭、休息，但战士们当时都非常激动和兴奋，完全无法入睡。

（本文选自《现代快报》）

渡江战役

医务战线上的女英雄

文/赵　生

周仪同志是皖江新四军七师卫生部医疗所所长，女，江苏无锡人，1944年2月入伍，1946年5月入党，历任军医，副队长、队长等职。战争中荣立二等功一次，三等功一次，四等功二次。全军第三届英模大会上当选为医工模范，被授予二级“人民英雄”奖章。

周仪曾在新四军七师医疗队任队长。只要是和周仪一起工作过的同志，或经她医疗过的伤病员，都会称赞这位女队长工作深入、耐心。的确，周仪同志从1944年参加革命后，就一直在医务工作的岗位上。在连续的长途行军中，在艰苦的战斗岁月里，她始终不懈地奋力工作着。河阳阻击战时，她曾几个晚上没有睡觉，突击治疗伤病员。1948年春淄川战斗中，她把自己的被子盖在满身血污的伤员身上，带动全队来为伤员盖被……她为伤员服务的高贵品质得到伤病员的称赞。

我们来看看她在南麻战斗中的故事吧！

夜里，在南麻以西牛心崮一线的阻击部队和敌人的激烈战斗展开了，枪声、炮声在山谷里回旋成一团。照明弹、曳光弹照亮了起伏的山峦和夜空。这时，周仪同志和她率领的医疗队出现在离火线十几里的农村。她们是在崎岖的山路上连夜赶到的，担任着前线包扎和搬运伤员的任务。

天亮时分，从火线上抬下来四百多名伤员。周仪同志像指挥战斗似的，把伤员从担架上一个个运到病房，进行护理、包扎等。一个流血过多、面色惨白的伤员，在她的抢救后苏醒过来，她嘱咐了一声看护同志后，又忙着急救第二个伤员。这次救护不同于任何一次，伤员多，全队却只有十八名医工人员，尽管忙来忙去，还有些重伤员没有换药。有的伤口被雨水浸湿开始溃烂了，周仪同志和医工人员研究在重伤员身上画“○”，在轻伤员身上画“×”，周仪同志带一组人员专门护理重伤员，这种科学的分工，使轻、重伤员都能及时得到救治。可是另一件艰巨任务来了，那就是，上级命令他们连夜转到几十里远的石楼去，因为我突击部队已撤离牛心崮一线了。担架没有回来，伤员这样多，情况又这样紧，又是大雨的晚上……困难摆在她们面前，周仪同志把情况对伤员们传达后，轻伤员确定自己走，把仅剩的几副担架让给重伤员同志，周仪同志把自己的马也让给重伤员骑，自己徒步涉过了有半人深的河沟。每当过河时，她总照顾着伤员，怕伤员让水浸了。当天亮时到达了石楼，她们没有休息，又忙着照顾伤员。敷料缺了，周仪同志把自己的蚊帐撕开，蒸煮消毒当绷带用。傍晚时情况紧张起来，炮声更近了，后面的山头上一股股黑烟升起。他们又要转移了。伤员确实不能坚持走了。周仪和指导员商量后，决定发动医工人员互助。于是，医工人员有的扶着伤员，有的背着伤员向新驻地转移。伤员们忍着痛苦在山路上爬行。后来上级派来几匹马专门转送不能行走的重伤员。周仪同志和留下的同志提着马灯挨户查看是否有丢下的重伤员。果然在一间房里找到三名重伤员。伤员见队长来了，其中一名把党证拿出来说："队长，我把党证交给你，我不能牵累你们，你们走吧。"周仪同志一面鼓励伤员一面找到指导员，组成了三副担架运走了他们。雨越下越大，山路也滑起来了，周仪同志为着伤员们的安全，前前后后地照顾。她的脚烂了，腿也痛了，她像个勇敢的战士，终于完成了三百多名伤员的转运任务。

到时庄（村名）时，收容的伤员更多了起来，从三百多名伤员增到七百多名。伤员们散布在三个村庄，房子小，伤员多，她和医疗队的同志住在屋檐下。周仪同志让其他同志休息，自己东庄医疗、西庄检查，直到同志们劝她休息时，她才勉强地合上眼。她已经三天三夜没睡过了，可是这晚偏偏又下大雨，她担心伤员和医疗队住的房子漏雨，又爬起来照顾。

短短的十几天战斗里，周仪同志始终伴随伤员们，在雨天、夜里与伤员们生活在一起，她为伤员开动智力，付出自己的体力，她累得头昏了，眼红了，身体越发瘦弱起来……这一切她没有想到，只觉得她们能够胜利完成转运治疗七百余名受伤的同志而愉快、兴奋。

（本文由北京新四军研究会供稿）

长征女英烈吴富莲

文 / 林焕珍

吴富莲，上杭县官庄乡人，1912年出生，1929年参加革命，1930年加入中国共产党。曾任官庄区妇女部部长、上杭县委委员。1932年4月，调中共福建省委工作。5月，以省委妇女部巡视员身份到宁化县视察指导，因工作出色，受到省委通报表扬。1933年春，在省土地部部长范乐春的热情撮合下，吴富莲与省委组织部部长刘晓结成革命伉俪。婚后不久，夫妻双双被调往粤赣省委工作，刘晓任省委书记，吴富莲任省妇女部副部长。

由于“左”倾路线的错误领导，第五次反“围剿”失败。1934年10月，中央主力红军和中央机关共八万六千人，被迫撤离中央苏区，开始了举世闻名的长征。吴富莲与上杭的邓六金、龙岩的谢小梅，还有贺子珍、邓颖超、刘英、陈宗英、危秀英、李坚贞、王泉媛等三十位女同志一起，随同中央红军踏上了二万五千里的征途。

长征前期，吴富莲被分配在中央卫生部干部休养连任政治战士，负责休养人员的安全，并协助他们行军。经过艰苦行程，于1935年6月到达四川懋功，与红四方面军胜利会师。

与四方面军会师后，吴富莲所在的中央卫生部和五、九军团及四方面军主力一起编为左支队。由于张国焘分裂主义路线的胁迫，左支队北上后又南下，在川西地区滞留了一年。其间，吴富莲曾被调到西北行政局任妇女部部长。

1936年6月，红二方面军经过艰苦长征，到达甘孜，与红四方面军胜利会师。在党中央严肃批评及红四方面军指战员的强烈要求下，张国焘才被迫同意与红二方面军共同北上。于是，吴富莲和左支队的兄弟姐妹一起第三次爬雪山、过草地，终于在1936年10月到达甘肃会宁，红一、红二、红四方面军胜利会师。

红军三大主力会师后，红四方面军一部奉中央军委命令，组成西路军，西渡黄河执行宁夏计划，以巩固和扩大陕甘宁根据地。西路军成立妇女先锋团，任命吴富莲为团政委，王泉媛为团长，直属于总部领导。

妇女先锋团是以1934年3月在川陕根据地成立的原红四方面军妇女独立团为基础扩编而成的。战士都是二十岁左右的女青年。此次整编为先锋团时共有一千三百余人，编成三个营，九个连。

1936年11月初，全团随西路军总部渡过黄河，投入纷乱不断的战斗之中。

在甘肃景泰县一条山，西路军首战马步青匪军。吴富莲带领妇女先锋团首次参战，缴获了敌人三十余匹骆驼，为部队提供了重要的交通工具。

在古浪土门，妇女团遭到马步芳黑马队突袭。吴富莲和几位团领导立即组织部队顽强抗击。在双方激战之际，吴富莲带领三营战士，迂回敌人背后，前后夹击，迫使气势汹汹的黑马队溃败而逃。

西路军西渡黄河后，虽然予敌以重大杀伤，但由于黄河渡口被敌封锁，河东红军无法支援，加之天寒地冻，粮弹两缺，西进不到两个月，就被敌人分割包围，陷入了极为困难的境地。面对险恶的形势，吴富莲坚定地对妇女团的姐妹们说："我们离家的目的是什么？就是为了革命，为了劳苦人民的解放。只要我们坚持下去，胜利就一定是我们的。即使为了革命牺牲，也是值得的。"

1937年3月下旬，西路军兵败祁连山。吴富莲和王泉媛主动向指挥部请战，要求据守梨园口，掩护主力部队余部撤退。她们分别扼守三个山头，打退了敌人一次次进攻，以巾帼之躯，有效阻击了敌人的进攻，掩护了主力部队向石窝山撤退。

梨园口战斗之后，西路军军政委员会在祁连山脉的石窝山召开了紧急会议，决定部队化整为零，分散突围。

吴富莲和甘肃回民支队司令马良骏带了数十人一路走了。她们在冰天雪地里昼宿夜行，吃树皮、嚼草根，顺着祁连山的东向山脉行进。当队伍来到张掖以东、永昌以西时，遭到马步青匪军包围。在战斗中。吴富莲被冲散，孤身一人流浪，并染上了肺结核病，在凉州（现为武威市）城外被马匪抓了起来。

吴富莲被俘后，敌人先以官位利禄相诱，她轻蔑地一笑，丝毫不为所动；敌人又用马刀对着她，胁迫她投降。她大义凛然地说："作为一个革命者，牺牲是早就料到的！"敌人无奈，把她关进了凉州监狱。同时被关在这里的还有团长王泉媛、特派员曾广澜、团部秘书李开芬、二营营长何福祥等数十名妇女先锋团的干部战士。

"凉州三月半，犹未脱寒衣"。此时，正是1937年农历二三月间，关押在凉州监狱中的西路军妇女先锋团干部战士，却全部穿着单衣单裤，吃的全是黑面烂菜，一点盐都没有。大家饿了，放风时把院子里的黑花叶子都拔来吃个精光。一个月过去后，红军女俘们一个个被折磨得面黄肌瘦、蓬头垢面，却没有一个屈服者。敌人为了羞辱女红军，故意把她们押到海藏寺洗澡，想让沿途老

准备西渡黄河的红四方面军之一部

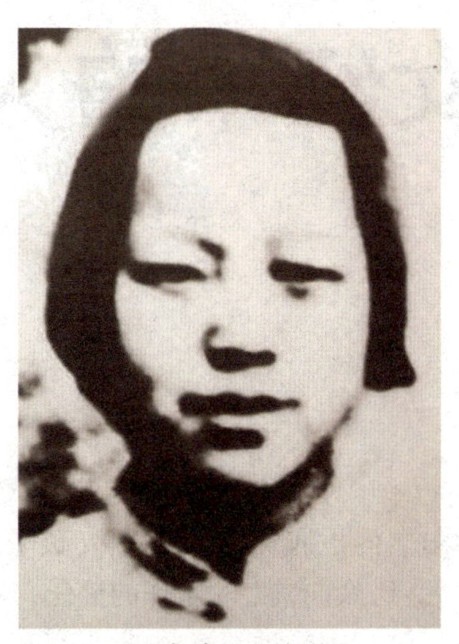

吴富莲烈士遗像

百姓看她们的狼狈相，看看当红军的“下场”。

吴富莲看穿了敌人的诡计，低声向战友传话：“虎倒威不倒，打起精神走路！”“女俘”们虽然穿着单衣，披着毡片，但一个个坚强地昂着头，还不时向两旁人群招手。老百姓见了，都忍不住落泪。

吴富莲意识到敌人还会耍各种花招。回到狱中后，就与曾广澜、王泉媛、李开芬、何福祥等秘密串联，把大家团结在一起，同敌人展开坚决而又有策略的斗争。

不出吴富莲所料，敌人果然不断变换手段，企图制服“女俘”。当他们见酷刑折磨无效时，便采取了“慰问”、发衣服、训话、组织“参观”，还用“释放自由”（实为强行把红军女战士分配给敌人军官做妾）等花招，妄图以此“感化”这些经历枪林弹雨的女红军。但敌人的花招一个又一个地被组织起来的女战士们识破、揭穿了。

由于得不到治疗，吴富莲的病情越来越严重了，经常满口满口地咳血，王泉媛向看守要来了一瓶鱼肝油。这是当时治肺病的最佳药物，大概是对这位被俘的女政委的优待吧。可是，只过了十几天，一瓶鱼肝油还没有吃完，吴富莲，这位只有二十五岁的红军优秀的女指挥员，却永远闭上了她那双被战火熏烤过的眼睛。

吴富莲走了，带着对亲人的眷念，对理想的追求，对胜利的期待，永远地走了。然而，她高大的形象，她坚强不屈的革命精神，永远活在人们心中！

（本文选自红色闽西网）

一位女红军的人生路

文 / 刘邦琨

她是红军妇女独立师出名的虎胆英雄，在长征中屡立战功，受到徐向前、毛泽东的赞扬，可是她在三过雪山草地后，为掩护大部队前进，在腊子口战斗中不幸被俘，从此这位有着四年多红军军龄的女营长张正秀的人生发生了意想不到的变化。

参加红军，才华出众，提升排长

张正秀，1916 年出生在四川巴中大锣（乐）乡农村，家有父母和三个哥哥。1932 年冬天，红四方面军在徐向前、张国焘等人的带领下，由陕西进入四川的通南巴地区建立川陕革命根据地。在红军的影响下，张正秀的三个哥哥先后参加了革命。一天，两位身着军装的女红军来到村里，见到正在干活的年仅十五岁的张正秀，问了年龄、家庭状况，又讲了一些穷人翻身求解放的道理，动员其参加红军。张正秀被说服了，被带到连部，交给了连长张玉华。连长问她是否自愿当红军，为什么要当红军等问题，张正秀都一一作了回答，连长听后表示满意，让她换上了军装。在红军队伍里，张正秀学军事技术、学革命道理，表现得尤为积极。后来，她又被安排去扩大红军，几乎每天张正秀都能动员两三个姐妹来参加红军。有一天，张正秀动员了五名女孩子参加红军，得到了连长张玉华的信任，被任命为班长。

张正秀在战场上和男红军战士一样勇敢顽强。一次，军阀田颂尧率兵对红军进行“三路围攻”，结果被红军打得落花流水，田颂尧的一个团级军官在阵地上被张正秀等女红军包围击毙，其余几百名敌兵乖乖缴械投降。这次战斗，缴获了大批枪支弹药和粮食物资。张正秀因战功卓著荣升为排长。

张正秀带领的女红军一边参加军事训练，一边打击敌人，还积极筹粮筹款、织布、洗衣、驮盐、扩红，她所在的排是女红军中有名的一个排，仅在川东苏区参战就有几十次。每次作战，她都灵活运用战略战术，避实就虚，打其不备，搞得敌人晕头转向。有一次，部队渡过嘉陵江后向剑阁、江油、北川、茂县进发，敌人的飞机追了上来，团长命令部队寻找山洞隐蔽，张正秀眼疾手快，把几个伤员护送入山洞后，又同连长去救护其他伤员。她俩刚跑出几步远时，敌机上的敌人发现了她们，追了上来，疯狂地向她们扫射，子弹在她们头顶、耳边飞来飞去，眼看来不及了，她们跑向旁边的一棵大树下躲避起来，而敌人像发了疯似的向大树投下炸弹，炸弹在她

们身边爆炸，溅起的石块飞起几十米高。趁着烟雾，连长和张正秀火速撤离大树，不料一颗炸弹刚好落在连长旁边，一声巨响，连长张玉华壮烈牺牲。当张正秀拼命地跑向坑边抓起连长的鞋子时，敌人的一串子弹又射来了，她倒在血泊中。

当她苏醒过来的时候，自己已躺在山洞里，红军医生正给她包扎伤口。原来，敌人的子弹从天空中向下射击，刚好击中她的右手腕。如今，张正秀手腕上的伤痕还依然清晰可见。

攻打中坝，化装入虎穴，策反敌营长

1935年，红四方面军挥师向西挺进以策应由贵州入川北上的中央红军即一方面军，途经剑阁、江油、北川等地。这一带是川军邓锡侯的防区，红四方面军一边西进，一边打击围追堵截的敌人，张正秀随红军渡过嘉陵江克剑门关后又包围了江油的一个旅的敌人。1935年4月10日，她们作为前锋直抵中坝，而守城的敌旅长杨晒轩却坚守不退，叫嚷说："我若退了，将人头为抵。"狡猾的敌人估计到红军长途作战，可能疲惫饥饿，便从成都用飞机运来大批用麻袋装着的干面饼子，一部分扔在中坝、江油城内，一部分扔在城外。当时，张正秀所在部队捡到了不少面饼，他们正高兴之时，接到上级通知，敌人扔下的面饼有毒，于是张正秀带领战士将有毒的面饼弃之河内，使得敌人毒死红军的阴谋彻底破产。

眼看敌人死守中坝城不退，徐向前总指挥亲自指挥战斗，决心拔掉这颗毒牙。徐总决定先派两名女红军前去城内摸清敌情，要红军妇女独立师第二团团长薄天宝带领一名能言善战的女红军化装进入敌人内部。薄团长召集女红军排以上干部商议攻城克敌之计。张正秀向团长表示："我愿去。"团长说："化装入敌营，凶多吉少，你要慎重考虑。"

张正秀说："当兵打仗，哪能怕死呢！薄团长，只有我与你去最合适。你是虎胆英雄，我也敢冲敢杀。"

薄团长见张正秀说得如此恳切，回想起她往日杀敌立功的英雄壮举，觉得张正秀与自己去敌营最合适。

这天下午，她们经过化装打扮和精心准备，俨然富家姐妹模样，手提装着金银财宝的大箱，装成慌慌张张的样子直奔中坝城而去。来到城门前，只见城门紧闭，她们使劲敲门，许久，守城敌军才将信将疑地开门询问是什么人。张正秀与薄天宝谎称是被红军追杀，外出逃命的某家小姐俩。边抓出大把银圆塞给守门的敌兵，边说："我们要找营部。"就这样，她们顺利地过了几道城门来到敌军王元峰营长住处寻求避难，并给了王营长几把银圆。

薄天宝和张正秀向敌营长说，家有几百亩土地，红军来了，把其父母杀了，她们是逃难出来的。敌人信以为真，安排其在自家吃住。趁此机会，薄天宝和张正秀巧妙地查看地形，搜寻情报。

晚上，与王营长一起吃饭时，两位"小姐"又编了许多令人毛骨悚然的"红军杀人"的"传闻"。王营长听后周身发麻，颤颤抖抖地试探两位"小姐"："红军这么厉害，一旦杀进城内，我们肯定要丢掉性命的；不如早些想办法投靠红军。"她们得知敌营长这一想法，立即告之："红军欢迎川军将士起义投诚，立功赎罪，否则一律杀掉。投降后还可在红军中任一官半职呢。"

王营长不信，问："你们咋晓得这

些呢？”

她们又说：“我们在逃命的路上捡到一张纸条，纸条上写的。”王营长相信了，但城里有杨晒轩一个旅重兵把守，要出去根本不可能。第二天，敌营长又与两位“小姐”商议投诚之事，薄天宝给想了一个办法，她说：“如果硬闯，肯定要抓回来杀头，只能智取投诚路。”她叫王营长拿来纸和笔，在纸上写下了：“有人愿投诚红军，请红军派人于晚12时前来城墙外迎接。”并将纸条包在一石块上从城墙边扔向了敌人力量薄弱而又便于红军在城外配合的好地方。两位“小姐”也向敌营长表示：“事到如今，已没别的办法了，干脆我们与王营长一起去投靠红军，好保一条性命。”王营长很高兴。

晚上12点，其他守城的敌人都已入睡，王营长准备了梯子和几挺机枪。张正秀首先爬上梯子，敌营长中间爬，由薄天宝在后。三个人轻手轻脚，托着六挺机枪和部分子弹、手榴弹上墙，在城外红军的配合下很快将这批武装运往红军指挥部。

当晚向红军投降的敌王元峰营长向红军交代了中坝城内的情况。第二天，薄天宝和张正秀穿着红军军装出现在敌营长面前时，王元峰吓了一大跳，随后说：“你们俩的戏演得精彩呢，把我都给骗了。”薄团长和张排长给王元峰讲了红军的政策，希望他今后为穷苦人打天下，消灭反动派，当好一名红军战士，王元峰都一一应许。由于彻底掌握了敌情，又有几挺机枪，红军独立团第二团团长薄天宝率领女红军配合大部队很快攻下中坝城。中坝战役歼敌四个团，俘敌三千人，解放了涪江两岸广大地区，使红四方面军得到大量物资补给。后来红四方面军为了表彰薄天宝和张正秀的功绩特奖励四十个大洋。薄天宝升为师级干部，张正秀由排长直升为营长。

三过雪山草地，在甘肃掩护主力红军北上不幸被俘

1935年5月，红四方面军攻下土门，直插茂县，然后经理番县到小金县与中央红军会师。张正秀率领的女红军一边做宣传工作，动员少数民族参加红军，一边筹粮，救护伤病员。特别是在红军会师后开始翻越大雪山过草地，进入长征中最艰苦的阶段，常常是饿了吃一捧雪，冷了几个人紧紧地挤在一起。许多红军指战员没有在枪林弹雨中牺牲，却在过雪山草地时经不住寒冷、饥饿、疾病的折磨，倒了下去。会师后没几个月，两军混编为左路军和右路军，张正秀的部队跟随毛主席率领的右路军前进。其间，张正秀两次受到毛泽东的赞扬，一是关于真假革命的讨论，二是处理违纪红军战士的事情，毛泽东称赞张正秀对革命认识深刻，组织纪律性强。1935年9月，右路军从毛尔盖北上至巴西，红军在毛泽东领导下夺取包座，取得了进入草地后第一个重大胜利。但这个时候，左路军早已在张国焘领导下行至阿坝，并出现南下或西进和北上的重大决策的意见分歧，两条路线的斗争已日益激烈。一天早上，张正秀所在部队议论纷纷，她不知道发生了什么事情，各种传言不绝于耳。后来张正秀才知道，毛泽东、周恩来于当日带领右路军的原一方面军的一军团、三军团和中央纵队北上了。有人说这是逃跑，应追打，也有人主张不打自己人。右路军中原红四方面军的领导人徐向前、陈昌浩对此事

不知所措，张国焘又来电命令部队南下，就这样，张正秀带领女红军跟随大部队再次过草地南下。她们三过雪山草地受尽了艰难曲折，不但没打入成都、吃上大米，反而损兵折将不少，最后不得不遵照中央北上的方针离川进入甘南北上。

在离川进入甘南时，大部队很快攻克了天险腊子口，但就是在这里，张正秀带领的两个女兵连和两个男兵连误入了敌人的圈套。全体指战员虽奋力反击，终因敌众我寡，张正秀与其所率部队被敌人俘获。

敌人把被俘红军先关了两天，不给吃东西，红军战士大喊大叫："要杀要剐，随你的便，不能饿我们。"喊声，由几个发展到几十个，后发展到几百人一起闹。敌人见全体红军战士都闹起来了，怕出问题，只得叫人送来稀饭让红军吃。之后，敌人对每一个红军战士进行了审问，要红军战士交代当"官"的是谁，叫什么名字等情况，可是红军个个守口如瓶，不愿透露，敌人再逼，红军战士就说在过腊子口时牺牲了。审问张正秀时，她为了掩盖自己的真实身份，对敌人谎称自己是被红军抓来洗衣洗被的。碰巧审问张正秀的敌营长也姓张，是四川江油人，叫张正明，由于是同一家族的人，敌营长起了怜惜之心，答应不杀张正秀，让其留在敌营部工作。面对凶残的敌人，张正秀想，如今保存力量是最重要的。她表面上答应了敌人的要求。之后，张正秀开始劝说敌营长，让其不要杀被俘红军，保护了一百余名红军战士。

之后，张正秀在敌营做勤务兵，她给敌人洗浆缝补等，表现"积极"，敌营长对张正秀更加放心了。然而，敌营长早就接到上级要求尽快将被俘红军全部杀掉的通知，可他不忍杀本家人，就迟迟没动手。

一天，张正秀趁给敌营长送饭的机会，向敌营长说出了其实自己是女性的真相。敌营长很吃惊，放下碗筷，仔仔细细打量了张正秀一阵，他半信半疑。张正秀假称敌营长为"哥"，说："我家有父母、丈夫和孩子，我很想家，放我们回去吧！我们是无辜的，见了扛枪的就害怕。"

这回敌营长犹豫了，问："有多少女的？"张正秀说："男女各有一半。哥，你也是四川老乡，就放我们一条生路吧！我们这些老乡会对你感恩不尽的。"不久，西安事变爆发，敌人对被俘红军说："国共合作了，现在送你们回四川老家。"

1937年初，敌人护送队伍从甘肃南部地区经武都、碧口等地返回四川。一路上，被俘红军仍然穿着单薄的红军服装，一些受国民党毒害很深的群众不明真相，骂张正秀等人是"霉老二"，有些人还向红军扔石子、吐口水，他们只好忍气吞声。按路线，张正秀他们应从青川、广元、剑阁到达通南巴，可是敌人把他们带到江油绵阳。张正秀怀疑敌人在搞鬼把戏，说不定敌人是要把红军带到成都去，交给"上面"处决呢。她悄悄地对被俘红军说，各自准备逃跑。之后，敌人一路走一路休息，被俘红军就开始陆陆续续趁敌人不备时逃跑了十几名。

敌营长想去追，张正秀由于与敌营长有"兄妹"关系，就出面劝说不必追了，说："这些红军都是被逼的，他们都不愿当兵，你看他们年纪轻轻的，放他们一条生路吧！”在队伍到达罗江县城时，天快黑了，就停下来住宿，张正秀趁给“哥哥”打开水的机会溜出了宿营地，到了街上见敌军未注意到她，就悄悄地来到一家缝纫铺向主人家求救。主人是一女的，姓余，有四十多岁的样子，她担着风险将张正秀藏了起来。第二天，敌人走了，女主人说：“小妹子，你现在回巴中很危险，不如就在这里安个家，保住一条命。你还很年轻，回去送死多可惜呀！现在到处都是国民党的部队，你想你们曾经打过国民党的队伍，你们回去，他们会饶得了你吗？”

张正秀想了想红军大部队都北上了，四川被国民党四川军阀控制着，回去肯定是必死无疑。她答应就安个“家”，先留下来，积蓄力量，今后有条件了，再去找部队。几天后，女主人将张正秀带到现蟠龙镇的一家仅有一间破茅草房的刘木匠家，张正秀与这位小伙子结了婚。由于女主人与张正秀早就达成协议，不对任何人暴露张正秀的身份，所以丈夫直到解放才知道妻子当过红军，但那时张正秀已是几个孩子的母亲了。自从离开部队后，张正秀时时想起自己的部队生活和红军大部队，盼望红军早日打回来，可是一直没有消息。有时候，还一个人晚上望着天上的北斗星，面对北方，默默地呼唤红军大部队和毛泽东、徐向前等红军领导人的名字。她不知道他们在哪里，也不知团长薄天宝的下落。在罗江蟠龙乡间，张正秀曾数次向丈夫讲自己是逃荒要饭到罗江的。她准备去找部队，就说想回老家看看，可是在兵荒马乱的年代，丈夫拒绝了张正秀的请求。

（本文选自《文史月刊》）

长征路上的“七仙女”

文/张国华　高　嵩

活着是红军的人，死是红军的鬼，“七仙女”从容踏上长征路

1934年11月16日，中共鄂豫皖省委和红二十五军近三千名指战员，高举“中国工农红军北上抗日第二先遣队”的旗帜，告别了大别山区的河南罗山县何家冲，开始了长征。在这支浩浩荡荡的红军队伍里，有七名女战士显得格外惹眼，她们就是被称为“七仙女”的红军医院女看护：周东屏、戴觉敏、余国清、田喜兰、曾纪兰、张桂香、曹宗楷。

当时，红二十五军在程子华、徐海东、吴焕先的率领下，为了迅速实施战略转移，部队一出发就是急行军。11月17日，在击退敌“追剿队”第五支队后，部队已接近平汉铁路。这时，军政治部考虑前有阻敌，后有追兵，军情紧急，怕七名女同志在急行军中掉队、出危险，就派医院政委苏涣清来动员她们留在根据地，并给她们每人发了八块大洋。

面对这突如其来的决定，她们手里攥着沉甸甸的大洋，心情十分沉重，有人急得都哭了。她们不愿离开部队啊！

年龄稍大的曾纪兰说：“不行，我们不能留下，要随部队走。”

这时，向来胆大泼辣的周东屏把大洋往地上一甩，跟下达这一命令的军参谋长戴季英吵开了：“回去，回到哪里去？我是逃出来参加革命的，难道还要我重新去当童养媳吗？你没有排斥女同志革命的权力！”

见周东屏带头，其他几个人的胆子也大了，一个个都把大洋往地上一甩，上前和戴季英讲理。

她们不管戴季英讲多少理由，就是原地一坐，谁也不动。

就在这时，副军长徐海东骑着马过来了。他见这边吵吵闹闹的，以为出了什么事情，就问戴季英：“这些女孩子是怎么回事？”

“要跟队伍走。”

“就她们几个？”

“对，就她们七人！”

“不多，不多。这些女孩子，都经历过最艰苦的考验，她们既然有决心，就给她们一个锻炼的机会吧，又有何不可呢？”

听徐海东这么一说，女兵们就像见到救星一样，七嘴八舌地向他表示：“当红军，走革命的路，就是死在前进的道路上，也决不向后转！决不当逃兵！”

看到她们如此坚决，徐海东高兴地说：“呵，革命信念蛮坚定的嘛！”然后，他沉思片刻，果断地把马鞭向前一指：“快追赶队伍去吧！”顿时，姑娘们个个破涕为笑。

部队出发以后，为了甩开敌人，跳出敌人的追堵合击圈，每天都要急行军四十多公里，有时五十多公里。为了隐蔽，部队常常夜间行动，七名女战士就把绑腿解下来，结成一条长长的带子，互相牵引着摸索前进。为了防止掉队，每天行军，她们都提前出发，最后到达宿营地。一天下来，全身就像散了架一样。尽管这样，她们还是坚持给伤病员送药，争着去做护理工作。

鉴于敌情日益严重，首长见七名女同志身体很弱，时而掉队，就又一次动员她们离队，各自找可靠的人家当干女儿，待形势好转后，再接她们回部队。但有了上次没离队的经验，她们不怕了。在部队领导找她们谈话时，她们一致坚决表示：“部队走到哪里，我们就跟到哪里，我们活着是红军的人，死了是红军的鬼，叫我们离开部队，坚决不走。”她们的决心再次感动了领导，于是她们得以继续随部队前进。

一口面条，一片深情，“七仙女”精心照料着红军伤员

1934 年 12 月 10 日上午，鄂豫皖省委的同志在庾家河开会，突然枪声大作。警卫人员进来报告：敌人占领了东北坳口。由于红二十五军的战士们近一个月来长途行军，转战千余里，已疲惫不堪。设在庾家河东面的排哨，大部分人都睡着了，直到敌人打到眼前才发现。于是，全军从炊事员到军长全都投入战斗，从中午打到黄昏，经过殊死奋战，反复冲杀二十多次，终于转败为胜，化险为夷。这次战斗虽然击毙敌人三百多个，但红二十五军也付出了沉重的代价，伤亡一百九十余人。营以上干部大部分负了伤，军长程子华、副军长徐海东也都受了重伤。

一颗子弹从徐海东的左眼底下打进去，又从颈后穿出。他这次负伤比以往哪次都重，失血很多……

徐海东整整昏迷了四天四夜，直到第五天才醒了过来。在这几天里，护士周东屏一直守护在他身旁。

徐海东醒来后便问道：“现在几点钟了？部队怎么样了？”

周东屏眼里闪着激动的泪花，答非所问地说：“首长可醒过来了，四天四夜不省人事，一句话也没说，把人都快急死了！”

徐海东开玩笑地说：“我可没着急，倒是睡了一场好觉。”

周东屏怕徐海东刚醒过来太劳累，打着手势，不让他多说话。她知道徐海东已四天四夜滴水未沾，粒米未进，就去找来一碗面条，细心地一口一口地喂给他吃，生怕触痛他的伤口。徐海东吃了面条，精神好了许多，就向周东屏问这问那。

当徐海东听说程军长伤势很重时，便对周东屏说：“你不要管我，去好好照看程军长。”

经过近一个月的转战，部队消耗很大。特别是经过独树镇、庾家河两次殊死恶战后，七名女战士看到一些伤病员因没有药品医治而结束生命，内心极为痛苦。强烈的责任心和战友情，促使她们不顾自己虚弱的身体，同医院的战友们一起收集缴获的药品，想办法买药品，乘空隙找偏方，采草药。在庾家河战斗中，许多指战员身负重伤，七名女战士

日夜守护在伤员们身边，精心照料。她们细心观察伤病员的病情，耐心帮助伤员解除伤痛，热心料理伤病员的膳食等。重伤员吞咽困难，她们就亲自煮面条，一口一口地喂。两个多月的时间里，周东屏用盐水和自制的高锰酸钾天天给他们消毒；有时边行军，边将采来的药用树枝、树根熬成水，给伤员清洗伤口。她们通过这些办法，弥补了药品的不足，挽救了不少战友的生命。

编新歌，演新戏，长征路上“七仙女”医护宣传一肩挑

红二十五军进入陕南后，蒋介石调兵遣将，从1935年1月起，连续两次派重兵对鄂豫陕地区进行疯狂“围剿”，企图把红二十五军消灭在这里。红二十五军奋力反击，在反“围剿”斗争中，连战皆捷，以战斗的胜利，为建立和巩固根据地创造了条件。部队一面作战，一面派遣部分干部和战斗连队到地方发动群众，建立地方武装和基层政权。

医院随部队行动，七名女战士的任务相当繁重，她们既要抢救和看护伤病员，又要当宣传员。她们在庆祝解放大会上演出节目，向群众宣传党的政策和主张，宣传红军是穷人的队伍，动员群众起来“打土豪、分田地”，建立苏维埃政权，号召青年踊跃参加红军等。军政治部根据这些内容编排节目，有时她们还自己编些新词配上老调，连夜进行排练，然后登台演出。唱歌、跳舞、演新戏，她们并不擅长，都是现学现演，但每次演出，总是人山人海，老百姓特别喜欢看。群众渴望听到共产党和红军的声音，群众的情绪鼓舞着每一个红军战士，也激励着她们自己。

她们的宣传，收到了很好的效果，很快便打破了国民党和地方豪绅的造谣欺骗。在红军没有到达之前，地主们时常散布谣言，说“共产党‘共产共妻’，要杀所有的人，掠夺一切财产”，并且强迫所有人跟着他们逃跑。因此，红军每到一个地方，当地的人都非常稀少，但经过三四天的宣传之后，大批的群众就回来了。

1935年8月15日，红二十五军进入甘肃静宁县回族聚居的兴隆镇。为尊重回族人民的宗教信仰和风俗习惯，部队在进入兴隆镇之前，进行了党的民族政策教育。红二十五军的民族政策得到回族同胞的拥护，回族群众像迎接亲人一样欢迎红军的到来。尤其是这几位女战士，更受到了回、汉族妇女的特殊优待。她们怀着无比羡慕和敬仰的心情，热情地将女战士们拉到家里去，请她们吃饭，像对待亲姐妹一样。

女战士们还在医院院长钱信忠的带领下，深入群众家里，热心为病人治病。她们的实际行动，使当地回族人民深受感动，连声夸赞“红军好”。三天后，部队离开兴隆镇时，男女老幼站满街道两旁，敲锣打鼓，鸣放鞭炮，端着点心油果，为红军送行。

二女默默长眠长征路，“五仙女”远征到陕北

在战斗频繁、工作紧张、宣传任务繁重的情况下，曾纪兰、曹宗楷倒下了。她们默默地长眠在漫漫征途上，像大别山一样朴实无华，山风吹拂着她们，绿水环绕着她们，草木和四季陪伴着她们。曾纪兰、曹宗楷的倒下，没有吓倒其他五人，她们继续走在长征路上。道路坎坷，征途漫漫。红二十五军转战到达陕甘边境的黄土高原时，发生了严重的粮

徐海东与夫人周东屏

荒。没有粮食，战士们经常挨饿，只得向当地群众购买一些土豆和做马料用的黑豆来充饥。当地缺水，土豆就连皮带泥蒸熟吃。部队翻山越岭走了几天，许多战士饿得甚至昏倒在路上。五名女战士，以坚强的意志战胜了艰难困苦，于1935年9月15日，随着大部队来到陕北延川县永坪镇，同刘志丹率领的红二十六、二十七军胜利会师。

（本文选自中国共产党新闻网）

长征中的“花木兰”

——女扮男装当红军

文/白瑞雪

唐树林

唐树林最爱看与部队有关的节目。每次看到电视剧里“耍赖”的女兵，她都很不高兴：“那么娇气，不像当兵的！”

她想起了自己的军旅生涯。

唐树林九岁就当了童养媳。早年丧夫的母亲带着四个孩子乞讨时，把她卖给了一个地主，换来一升玉米面。十四岁那年，她从地主家逃了出来。听说通江城里来了红军，她把齐腰的长辫子一剪，一根草绳往衣服上一扎，就上了街。

唐树林以为红军不要女的。也害怕遇到婆家人，所以女扮男装。

“我可不可以参军？”唐树林钻进人群，问一位红军宣传员。宣传员上下打量这个瘦得皮包骨的“小男孩”，说：“你走不动！”

“你们走多远我走多远，你们背多少东西我背多少！”唐树林很是坚决。

宣传员把她带到了连队。捧着满满一碗白米饭，唐树林边吃边掉眼泪：“当兵才能吃饱饭，才像个人样啊！”

不到一个月，战友们发现这个“皮肤挺细”的小同志跟他们似乎不太一样，不爱说话，“一开腔就脸红”，上厕所也老不跟男的在一起，总是“偷偷摸摸地去”。

一天，一位大姐把唐树林拉到一边：“跟我说实话，你是女的吧？”看着这位英姿飒爽的女红军，她点点头。于是，唐树林被调到了后方总医院当护士。

长征开始后，唐树林被编入妇女独立团参加战斗。尽管“枪比人还高一截”，但她的枪法很准。她说：“男同志能做的，女的也能！”

1936年2月，红四方面军南下作战失利，不得不向西转移到康北地区。

党岭山位于青藏高原，海拔五千多米，是红军长征中翻越的最大的雪山。

指导员边走边喊：“同志们！困难最怕勇敢的人，红军战士个个都是勇敢的人！”爬了不一会就满头大汗了，唐树林想脱下身上的棉袄，被指导员制止了：“待会儿有你冷的时候！”

爬着爬着，唐树林的眼睛被白雪照花了，感到“眼前的雪山在抖动”，她拄着枪站稳了，“拍拍脑袋”，看看“是自己的脑袋在抖，还是山在动”。

有人说，用雪洗洗眼睛就清楚了。唐树林抓上一把雪就往脸上擦：“真的，马上就清亮多了，山也不抖了！”

整整四天，部队终于爬上了党岭山的顶峰。“一览众山小”，看见南面不久前走过的夹金山像个“小矮子”，大家一阵欢呼。

6月下旬，部队重返草地。干粮快要吃完的时候，唐树林捡到一块骨头，支撑着她走出了草地。饿的时候，拿到火上烤一下，刮点粉下来吃。唐树林至今也不知道那究竟是什么骨头。

身着戎装的唐树林

唐树林说自己“人小鬼大”，过河的时候拉着男同志的衣角不放；在藏区遇冷枪，她像只野兔子一样，趴在土坑里躲着。战斗中，看见战友在自己身边倒下，她不敢停下来看看是谁、死了没有，直到集合的时候连长点名，脑袋里“咯噔”一下，原来是她死了！

很多年了，唐树林老做同一个梦，梦见自己使劲爬山或者来到一片绿油油的庄稼田。

“都是长征那会儿走的、饿的！”唐树林说。

（本文选自新华社）

西安女八路的传奇经历

文 / 赵福生

她曾在一二九师纺织厂供职

刘银芝回忆说，她的老家在山西省左权县，那里是革命老区。1937年，抗日战争全面爆发。本村村民贺小恩、杜金贵发展她秘密参加了六区抗日政府的工作，主要任务是发动六区十二个村的群众参加抗日活动。当时，抗日区政府有十多名党员，开会大多是在野外的玉米地里。1939年，抗日区政府安排她到八路军一二九师纺织厂工作，纺织厂为一个直属连的编制。尽管自己参加革命工作只有两年时间，但在纺织厂一百多人中，属于参加革命比较早的，因此一入伍就被任命为班长。老人说，纺织厂有七八台纺织机，每台纺织机有三米多长，纺织机下面设计有水槽、水轮，是用水力纺线的。

纺织厂经常随师部流动，1942年在太行山一个名叫“臭水坑”的地方，日本军队和汉奸部队联合“扫荡”过来，枪声响作一团，连队迅速组织大家往深山里转移。她和十三名姐妹与连队走散。在山里与敌人周旋的十多天里，几乎天天都是敌人追到东山坡，她们跑到西山坡，敌人追到山顶上，她们跑到山下面，十多天里，敌我相互都能看得见，但敌人的枪炮射程打不到。最危险的时候几乎与敌人近在咫尺，她和十三名女八路军跳进水坑里藏身，躲了一个白天，直到天黑，才安全转移。

她曾和毛主席住对门

刘银芝的丈夫刘明文在八路军一二九师军械所工作。1944年，根据组织安排，一二九师部分人员转到延安工作。这样，刘银芝夫妇被分配到延安联防后勤部工作。一度，毛泽东主席住在后勤部大院对门的院子里，中间仅相隔一条十米来宽的土路。

据刘银芝讲，她第一次见到毛主席是她1944年8月刚到延安的时候，毛主席专门来看望从“太行山来的同志”。毛主席对大家说：“太行山的同志很辛苦，到了延安就可以挤出时间多学习文化，将来就可以在和平建设中发挥更大作用！”她对毛主席的第一印象是，他很和蔼可亲。在延安的日子，她们每天

河北涉县赤岸村（太行区党委所在地）

一半时间学习文化，一半时间在工作。

刘银芝说，她和毛主席住对门，经常能够见到毛主席。只要在路上碰到了，毛主席就会微笑着点点头或挥挥手“打招呼”。大女儿刘生延在延安出生。她印象最深的是，有一次她抱着孩子在路上碰见了毛主席，毛主席对她说：“一定要把孩子带好，一定要把革命的后代带好！”

她在枪声中生下二女儿

刘银芝的两个女儿在延安出生，大女儿取名“生延”、二女儿取名“生安”，两个女儿名字中的后两个字合起来为“延安”。两个儿子在西安出生，大儿子取名“长安”、二儿子取名“和平”。

1947 年，刘银芝的二女儿刘生安是在敌人的枪声中出生的。当年 10 月，敌人的部队“围剿”延安。马上临产的她跑到山林里时，孩子降生了，她脱了一条军裤把孩子包了起来。枪声越来越密集，敌人越来越近，她把孩子藏进草丛里，用树叶盖住，自己只身继续往远离敌人的方向跑。敌人撤离后，才跑回原地，找到了孩子。孩子也真争气，当时竟然没有大声哭泣。

（本文选自《三秦都市报》）

八路军一二九师司令部旧址

从“女子军特务连”到“红色娘子军”

文/谢　进

琼海市的红色娘子军塑像

1931年3月下旬在各乡村张贴了招募女兵的告示：“英雄的经过考验的乐会妇女们，拿起枪来，和男人并肩作战……”顿时，姑娘媳妇纷纷前来报名参军。3月26日，“乐会县赤色女子军连”宣告成立。

后经领导成员研究决定，扩编“乐会县赤色女子军连”，将其纳入红军第二独立师的建制，并于5月1日组建了中国第一支妇女革命武装——女子军特务连，隶属于独立师第三团。女子军特务连共一百零三人，除两名年纪较大者和庶务、挑夫及一名十三岁的小号兵外，其余都是女青年。

英雄花血染万泉河

女子军特务连稍经训练即投入战斗。1931年6月，因乐万苏区经常遭受国民党乐会县“剿共”总指挥陈贵苑的骚扰，

琼崖纵队女战士

红军第二独立师三团便决定消灭这股敌人，女子军特务连奉命配合主力参战，布阵于通往苏区机关所在地的要道上。6月26日，红三团团长王天俊带着大队人马佯装离开乐会四区，向万宁方向挺进，留下女子军特务连守卫苏区。当晚，红三团悄悄地撤回来，埋伏在从中原圩通往苏区机关驻地的沙帽岭密林中。

陈贵苑探知苏区机关兵力空虚的情况后，当即于6月27日率两百多人分两路直扑乐会四区革命根据地。一进入女子军特务连阵地，敌人发现对手是清一色的年轻女兵，顿时喜不自禁，纷纷怪叫着冲上来。陈贵苑挥动手枪喊道："弟兄们，都是女的，谁抓到就给谁做老婆！"这样一来，敌军盯着山岭上的"红军妹"，只管一个劲地往前冲，也顾不得开枪射击了。女子军特务连按作战计划边打边往沙帽岭峡谷的密林里跑。敌军不知是计，穷追不舍，很快进入红三团主力的伏击圈。

女子军特务连的小号兵忽然吹响了嘹亮的冲锋号，随即杀声震天，红军主力从密林中包抄过来，把敌人打了个措手不及，顿时乱作一团。红军仅用一个多小时就结束了战斗，毙、伤敌军二十多人，活捉了陈贵苑等七十余人。女子军特务连因此而名扬琼崖全岛，被当地人誉为"红色娘子军"。

1932年春，女子军特务连连部和两个排奉命调往琼东四区红军第二独立师师部执勤，编入红一团建制。留在乐会四区红三团的一个排，不久扩建为女子军特务连第二连，编制为两个排，约六十人，由黄敦英、庞学莲分别担任连长和指导员。这年8月2日，面对国民党第一集团军警卫旅三千多人的猖狂进攻，为了掩护中共琼崖特委、琼崖苏维埃政府、红军第二独立师师部和军政学校学员、红一团主力从牛探岭、苦瓜山

向母瑞山安全转移，驻独立师师部的女子军特务连和红一营奉命留在马鞍岭阻击敌人。当晚，女子军特务连和红一营打退了敌人的一次次疯狂进攻。子弹快打完了，连长冯增敏就要求全连战士每人留下一颗子弹以备自杀之用，其余的集中起来交给神枪手大娥。尽管大娥弹无虚发，一枪打死一个敌人，但由于火力太弱，敌人还是冲上来了，冯增敏便和战士们一道举起石头向敌人砸去。在此危急关头，红军阵地上突然响起激烈的“猪笼机”枪声，原来是第二独立师师长王文宇带人赶来救援了，并命令已完成阻击任务的女子军特务连迅速撤出阵地。女子军特务连第二班继续留下掩护其他人撤退。全班八位战士顽强抗击，弹药没有了，就与敌人展开了激烈的肉搏，最后全部壮烈牺牲。

8 月 10 日，乐万苏区突遭敌军五个营兵力的进攻，红三团和女子军特务连第二连奉命在文魁岭阻击敌人。战斗异常激烈，红军损失惨重。强渡万泉河时，女子军特务连第二连十多名战士英勇牺牲，鲜血染红了万泉河水……由于红军在第二次反“围剿”战斗中失利，女子军指战员大部分牺牲，一部分失散，连长、指导员等被捕入狱，女子军第一、二连先后解体。

“女子特务连”与《红色娘子军》

1953 年的一天，在北京进修学习的原琼崖纵队干部王雁秋受到总理周恩来的接见。在听取了女子军特务连的汇报后，周总理对王雁秋说：“琼崖女子军是革命的典范，要拍电影。”

1958 年中南军区创作研究室作家梁信来到海南岛，见到了女子军的老战士。当年女子军特务连战斗的照片让他受到很大震撼。他决定创作一部有关女子军特务连战士的作品，使其英雄事迹被后人世代相传，激励更多的人。经过充分的构思后，他写出了电影剧本《琼岛英雄花》，寄往全国各电影制片厂，希望这部作品能够走上银幕。结果寄出去的稿子大多杳无音信。

一天，梁信突然收到了一封上海天马电影制片厂的来信。原来是导演谢晋写的，说天马电影制片厂有意拍摄电影《琼岛英雄花》，因此约作者前去商量修改剧本等事宜。梁信立即赶赴上海，与谢晋一道对剧本作了加工润色，使剧中的吴琼花、洪常青和南霸天等形象更具感染力。按照谢晋的意见，该剧本更名为《红色娘子军》。

（本文选自《天津政法报》）

高山灵芝——余品英

文 / 安徽省金寨县委党史研究室　王全兵

余品英，1911 年出生在安徽金寨沙河乡一个叫野猪凼的村子里。一家五口人，一年总有几个月靠吃野菜掺糠度日。

余品英的母亲听戏文上说，吃了灵芝草，能使人起死回生，经久不饿，便常带小品英到山上采些形似灵芝的蘑菇回来吃。余品英十四五岁时就长成了一个很漂亮的大姑娘，母亲说这是由于吃了灵芝草的缘故，便又给她起了名字，叫“灵芝”。

余品英不仅人品出众，还十分聪明。她不但会描花绣朵，还会唱很多好听的山歌，并能触景生情自编自唱，至今有很多老人还记得她自编自唱的一些山歌。有一首是：“家住野猪凼，庄稼总难熟。东家来要债，主人来收租。把米煮稀饭，水多难得稠。吹时三层浪，喝时一条沟。一天两餐饭，碗里盛人头。哎哟！苦命何时休！”

余品英的母亲见女儿聪明能干，总想让她读点书。可是家里穷得揭不开锅，哪有钱供女儿读书呢？可怜的母亲终于想出了一个没有办法的办法：谁家能供女儿读书，女儿就许给谁家做媳妇！

余品英十五岁那年，终于被一家比较富裕的张姓人家领去读书了。有幸的是公婆和未婚夫待她都很好，使得苦难的余品英得到了一些精神上的安慰。

1929 年 5 月，立夏，武装起义胜利，家乡金寨发生了天翻地覆的变化。余品英看到乡亲们打地主、捉劣绅、开大会，心情十分激动。

一天，区苏维埃政府召开“扩大红军”的群众大会。广大农民、赤卫军扛着土铳、长矛，拿着刀，举着红旗，敲锣打鼓，喊着“扩大红军”“打倒军阀”“打倒土豪劣绅”“实行男女平权”等口号。余品英被这鼓舞人心的情景吸

引住了，她看到乡苏维埃主席、本家哥哥余品高在台上，便挤到台前问：“品高哥哥，实行男女平等，到底要怎样个平法？你能教教俺么？”

余品高很喜欢这个聪明的妹妹，早想动员她出来工作，便说：“男人能做的事，妇女也同样能做，就看你有没有胆量朝这条路走。”

余品英说：“品高哥，您说我应该怎样去做？我一定听您的。”

余品高当即分配她组织妇女做二十双军鞋，余品英愉快地接受了这一任务，并且很快就完成了。她受到余品高和乡苏维埃的表扬，被吸收到乡苏维埃妇委会工作。

余品英识字又伶俐。参加工作后，她在党组织领导和帮助下，思想觉悟和工作能力很快得到提高，各项任务都完成得很出色。当年，她就光荣地加入了中国共产党，并当上了乡苏维埃党委的宣传员。

余品英参加工作前几天和未婚夫张瑞林结婚。婚后，夫妻关系恩爱，但由于余品英工作忙，回家的时间少，一些好事的人就说余品英有外心，引起了张瑞林的猜疑。任凭余品英如何解释，张瑞林心中的疙瘩总是解不开。张瑞林的一个好友作了一首诗赠给张瑞林，诗云：“庸人自扰奈若何？夫妻乱疑起风波。只因心胸狭窄事，一错铸成长恨歌。”

张瑞林是个读书人，经这一点破，才知道自己错了，主动向余品英道歉。小夫妻从此又和气起来，余品英也更加努力工作了。

1930年春，余品英担任区委宣传部部长，负责全区教育和扫盲工作。在她的努力下，全区六个乡，很快都办起了小学，有些边远村庄，还办了夜校、识字班。

为了解决师资不足的困难，余品英除了自己兼课外，还办起了师资培训班。她要求各乡苏维埃安排教师生活，使其田有人耕、地有人种、柴有人打。这样，教师们就安心工作，认真提高教学质量，三区的教育工作经常受到县苏维埃的表扬。

余品英办教育还善于发现问题，并及时想办法解决。有一次，她发现上夜校的学员们听课时都在下面打瞌睡。她马上找一个学员问：“为什么不听课？”学员说：“老师教我们念的句子，我们一个字也不认识。”

余品英发现这个问题后，便和老师商量，编了一些常用词识字课本。如“中国共产党”“农民协会”“财主”“穷人”“男女平等”“减租减息”等。从字义到词义，结合宣传党的政策，引导大家边识字边提高阶级觉悟。这样，便提高了大家上夜校的积极性。

余品英还发现，妇女参加夜校学习的很少。她了解到有三个方面的原因：一是妇女家务重，走不开；二是封建思想束缚，认为识字没有用处；三是父母、丈夫、公婆不放心，怕妇女参加夜校心就学野了，走邪了路，这是最主要的原因。余品英想：“妇女历来都被认为是家庭的附属品，在社会上没有地位；如果妇女再不读书识字，那何时才能翻身？”于是，她召开各乡苏维埃妇女干部会议，把动员妇女上夜校作为解放妇女的一项任务。经过宣传动员，各乡很快掀起上夜校热潮。

1931年夏，我军取得了第二次反“围剿”的重大胜利。敌人为了报复，经常出动飞机在苏区喷洒化学毒剂。很多人皮肤感染溃烂，有些人中毒死亡。

这时，余品英已调任豫东南道委常委兼妇女主席。她看到群众遭受如此痛苦，心里十分难过。一次，道委讨论治愈群众中毒感染问题，分管医疗工作的同志提出："治疗这种感染一定要用一种德国产的抗生素，而这种药，只有到白区去买。"但当时到白区的道路都被敌人封锁，无法通行。余品英提出由她亲自去商城县找同乡——"仁济药房"的老板王泽芳。一开始，组织上不同意，怕她一个女同志会出问题。余品英说："正因为我是个女同志才容易活动。"余品英坚持要去，组织领导被她说服了。

一天，余品英化装成一个卖柴的村姑，和一个老交通员潜入商城县城。为了试探敌人的搜查方式，品英开始并未到"仁济药房"买药，而是买了一些迷信品和日用杂货，同老交通员来到南关哨卡。他们发现哨兵们对一些穿着不好的穷人查得很仔细，而对一些阔绰的男女，不但不搜查，还点头哈腰，施礼放行，这给了她很大启发。她立即找到"仁济药房"的老板王泽芳（王泽芳的两个弟弟都是共产党员）。余品英说明来意后，得到了王泽芳的大力支持，买到了一些德国产的抗生素。余品英又化装成一个阔少妇，让老交通员化装成佣人，雇了一顶大轿，把药装在皮箱里，放在轿座下面，坐着轿子，向城门南关而来。到了哨卡，敌人刚要掀轿帘，就被余品英大骂一顿，敌人吓得直点头，乖乖地让她出了城。

余品英就是这样神出鬼没，往返于敌占区，不但买回大量药品，还购买了很多急需的军用物品，解决了苏区当时的困难。

1931年秋，为了配合红军主力进行第三次反"围剿"，豫东南道委命令余品英和道委直属独立团第五营营长夏学山带两个排兵力，开展游击战争，相机打击敌人，保卫苏区人民。

一天，余品英得悉敌人在胭脂、河坪、鸡蛋坪一带疯狂屠杀我红军家属和革命群众，便决定和夏营长前去营救。不巧，中途和敌五十四师一部相遇，他们多次冲锋，均未击退敌人。余品英考虑我军子弹缺乏，不能恋战，便命令夏营长率部向右侧山峰突围，她带领警卫员李承贵负责掩护。夏营长坚持由他掩护，要求余品英带队突围。品英严肃地说："现在不是争论的时候，你要服从命令。"夏营长拗不过，只得服从，带着部队向右侧山峰突围。

余品英立即攀上一棵大树，向敌军连开数枪，并高声喊："白军们听着，我们是红军游击队，希望你们只和我们交战，不要残害黎民百姓。你们也是人，要讲良心，屠杀自己的骨肉同胞是历史的罪人，不算好汉！"喊罢，又连发数枪。敌人听到这突如其来的喊声和枪声，立即扑了过来。

余品英很快溜下树，和警卫员小李藏进一个深沟石洞里，敌人号叫着搜了一阵，连人影也未见到，只得离去。

晚上，余品英带着小李，摸黑回了娘家。可是，家里被敌人糟蹋得一片狼藉，空无一人。余品英正想找点吃的，一个连的敌人包围过来，一部分敌人已追到门口，余品英顺手提起一个火炉，向进门的几个敌人砸去，果然有效，敌人眯了眼，呛得直咳嗽。余品英迅速拉着小李跳出窗子，潜入山林。敌人又扑

了个空。

1932年秋，我军第四次反“围剿”失利，主力红军撤离鄂豫皖根据地。国民党军三十多万人，乘虚直入，整个苏区一片“白色恐怖”。道委指示余品英和夏营长带领一部分逃难群众向深山转移，但当他们来到椿树坳的山岭时，被敌人包围了。

狡猾的敌人怕搜山时挨黑枪，便采用“火搜”——放火烧山的办法。熊熊的烈火从四周直向战士们和逃难的人群扑来。

“突围出去，不能坐等烧死！”余品英和夏营长商量之后，决定各带一个排的战士，将逃难群众分成两组，向东西两个方向突围。可是，余品英还没有走出第一座山梁，就有退回的战士向她报告：“夏营长受伤被俘了，战士们大部分壮烈牺牲，逃难的群众也多被敌人打死和抓去。”余品英听到这个不幸的消息，义愤填膺，复仇的火焰在她胸中燃烧。她向战士们高喊：“同志们，为人民报仇的时刻到了！”说罢她命令一名班长继续组织群众突围，自己率二十多名战士冲出火焰，杀向敌群。血战半个小时，战士们大多倒下了。她将仅剩下的两枚手榴弹盖子揭开，正准备与敌同归于尽时，被后面的两个敌人抱住了。

敌人天天对余品英、夏学山进行审讯，每次都是严刑逼供。可是，任凭敌人如何凶残，这两名坚强的战士什么也不说。最后，敌人要他们自首，也被他们严词痛斥。

一天，审讯又开始了。残暴的敌人钳来两个烧红的犁铧尖，对余品英说：“你们共产党爱穿红的，这是给你准备的一双红绣鞋。你要自首了，就不用穿了；你要是再硬下去，就让你把它穿上！”

余品英说：“难为你们知道我们共产党的爱好。这鞋，我穿！”说着，她把鞋子脱下毫不畏惧地站在两个烧红的犁铧尖上，余品英虽然痛得大汗淋漓，但未叫一声。敌人无可奈何，又对夏营长下毒手。敌团长指着夏营长的尸体，对余品英说：“他是你的镜子。你要是愿意自首，我还可以成全你！”

余品英悲愤激昂地说：“不要啰唆！你们任何手段都吓不倒共产党人。我等着你们这一招！”敌人无计可施了，最后将余品英杀害。年仅二十二岁的余品英，为党和人民献出了宝贵的生命！

（本文选自中国红色旅游网）